복 있는 사람
오직 여호와의 율법을 즐거워하여 그 율법을 주야로 묵상하는 자로다.
저는 시냇가에 심은 나무가 시절을 좇아 과실을 맺으며 그 잎사귀가
마르지 아니함 같으니 그 행사가 다 형통하리로다.　　　(시편 1:2-3)

꼭 필요한 것 한 가지, 기도의 삶

Henri J. M. Nouwen

The Only Necessary Thing:
Living a Prayerful Life

꼭 필요한 것 한 가지, 기도의 삶

헨리 나우웬 지음 | 윤종석 옮김

복 있는 사람

꼭 필요한 것 한 가지, 기도의 삶

2001년 12월 20일 초판 1쇄 발행
2001년 10월 13일 초판 14쇄 발행
2010년 10월 13일 재조판 5쇄 발행
지은이 헨리 나우웬
옮긴이 윤종석
펴낸이 박종현
도서출판 복 있는 사람
서울특별시 종로구 안국동 163 걸스카웃빌딩 801호
Tel 723-7183 | Fax 723-7184
blesspjh@hanmail.net
영업 723-7734
등록 1998년 1월 19일 제1-2280호

ISBN 978-89-90353-92-4

The Only Necessary Thing: Living a Prayerful Life
by Henri J. M. Nouwen

Copyright ⓒ 1999 by Henri J. M. Nouwen
All rights reserved.
Korean translation rights ⓒ 2001 by The Blessed People Publishing Co., Seoul, Korea.
Korean translation rights arranged with The Crossroad Publishing Company
through Eric Yang Agency, Seoul, Korea.

이 책의 한국어판 저작권은 에릭양 에이전시를 통해 The Crossroad Publishing Company와 독점 계약한 도서출판 복 있는 사람이 소유합니다. 저작권법에 의하여 한국 내에서 보호를 받는 저작물이므로 무단전재와 복제를 금합니다.

소중한 친구이자 영감이 풍부한 스승인 헨리에게,
가장 깊은 감사의 마음으로

사랑하는 남편이자 기도 동역자인 제이에게,
가장 소중한 사랑으로

차례

추천의 말 9
머리말 17
감사의 말 21

기도에의 부름 25
갈망 27
기도란 무엇인가 35
고독 47
성령 65
사랑받는 자녀 77
경청 97
훈련 109

끊임없는 기도 127

공동체 147

행동과 중보기도 165

용서 181

장애물 195

성찬 213

죽음과 영생 225

기도문 243

맺는 말 271
주 273
출전 275

추천의 말

느지막한 어느 오후, 나는 데이스프링 하우스에 들어서다 우연히 헨리와 마주쳤다. 헨리는 눈물이 글썽글썽한 눈으로 커피를 마시고 있었다. "무슨 일이세요?" 걱정되어 물었더니 헨리는 풀죽은 모습으로 이렇게 대답했다.

"오늘 속상한 일이 있었는데 다른 때보다 유난히 마음이 아픕니다. 오늘 아침도 여느 때처럼 서둘러 이사회 모임에 가고 있었는데 댄이 할 말이 있다며 나를 불러 세웠습니다. 내 정신이 딴 데 가 있었나 봅니다. 댄한테 다짜고짜 그럴 시간 없다고 말한 것이지요. 방금 막 댄의 전화를 받았습니다. 성난 목소리로 언짢은 기분을 털어놓더군요. 설교할 때는 그리스도인의 삶에 대해 멋진 이론을 늘어놓으면서 정작 내 삶은 그렇지 못하며, 소위 기도의 사람이라는 내가 이기적이고 무례하다고 했습니다. 나는 깜짝 놀랐습니다. 그야말로 허를 찌르는 말이었습니다. 상처가 되더군요. 맞는 말이라서 특히 그랬습니다." 헨리와 나는 한참 얘기했다. 얼마 후 헨리가 일어나면서 한 말이 두고두고 내 마음에 남아 위안이 되었다. 그는 생각에 잠긴 듯 이렇게 말했다. "내가 만일 기도하는 사람이 아니라면 지금 나는 어떻게 되었을까요? 댄은 잠시라도 그런 생각을 해 봤을까요?"

헨리는 정말 기도의 사람이었다. 그는 자신이 걷는 사제의 길을 좋아했고 날마다 즐겨 성찬식을 가졌다. 대학에서 가르치던 시절, 그는 개별적으로나 그룹으로 학생들을 불러 함께 기도했다. 지난 10년간 헨리와 나는 다른 이들로 더불어 우리의 작은 데이스프링 채플에서 아침 6시 반에 하루를 시작했다. 우리는 30분간 침묵기도를 드린 뒤 전례서의 아침기도문을 함께 암송했다. 헨리는 기도서에 나오는 시편들을 즐겨 읽었다. 똑같은 아침기도문으로 기도하는 전세계 수많은 평신도, 수사, 수녀, 성직자들과 함께 하는 시간임을 그는 알았다. 늦은 오후나 저녁식사 전에 둘 다 영내에 있을 때면 우리는 다시 전례서를 따라 저녁기도문을 외웠다. 잠자리에 들기 전 어쩌다 만나면 밤기도문을 함께 읽을 때도 많았다. 그 시간에 근처에 있는 사람이면 누구나 헨리의 초청으로 우리와 함께 기도했다. 그만큼 그는 다른 이들과 함께 기도하는 것을 좋아했다. 기도 속에서 '함께 홀로' 있는다는 것의 소중함에 대해 헨리는 얼마든지 역설할 수 있었다. 난감한 회의 중에나 자문 모임 중에나 집회를 마칠 때면 헨리는 함께 기도하고 헤어지자며 우리 모두를 불러모으곤 했다.

헨리는 고독 속에서 자신과 대화하기 원하시는 하나님께 시간과 공간을 내드리려 평생 자기 몫의 씨름을 그치지 않았다. 그 씨름이 그가 남긴 거의 모든 책에 잘 나타나 있다. 어머니의 무릎에서 시작해 학교와 신학교, 여행과 교육과 강의를 통해 기도를 배운 그는 기도야말로 자신에게 없어서는 안되는 것이라는 의식을 늘 잃지 않았다. 기도에 관한 그의 글들은 머리에서 온 것이 아니라 체험에서 온 것이다. 그는 진심으로 하나님을 갈망했고 때로 그 '임재'를 느꼈으며 어둠 속에서 희망을 잃지 말아야 한다는 도전에 부딪칠 때도 많았다. 기도는 그의 신앙 여정에 성장의 싹이었다. 기도를 통해 그는 당당히 하나님의 사랑받는 자녀로 살아가는 체험으로 멀리, 넓게, 깊이 들어갔다. 하나님과의 이런 내적 연합은 그에게 역동과 도전과 위안이 되었다. 끊임없이 변화하는 그 연합은 사랑의 세계에 대해 그의 내면에 늘 새로운 체험과 통찰을 열어 주었다.

나이가 들수록 헨리는 하나님의 길과 인간의 반응양식에 대해 점점 조리가 정연해졌다. 그래서 웬디 그리어가 기도를 주제로 헨리 나우웬의 책을 펴내자는 얘기를 처음 했을 때 나는 약간 망설여졌다. 웬디가 말한 본문들이 다소 '빛 바랜' 것이 아닐까 걱정됐던 것이다. 초기에 쓰여진 책들이 특히 그럴 수 있었다. 내 생각에 초기의 책들은 헨리의 노년에 나온 살아 있는 글들에 견줄 바 못되었다. 웬디의 수고의 산물이 왠지 연구가나 학자나 신학자들한테나 맞는 무겁고 방대한 '문서'가 될 것 같았다.

내 생각은 완전히 빗나갔다!

우선 웬디는 이 책을 펴내려 굳이 따로 연구할 필요가 없었다. 웬디와 웬디의 남편 제이와 세 자녀 케이트, 헤더, 조나단은 항상 하나님께 가정예배를 드리며 기도해 왔다. 개인적으로도 웬디는 기도의 여인이 되려는 걸음을 멈추지 않았고 헨리는 그 길에 스승이 되어 주었다. 오래전부터 그녀는 자신의 영적 추구의 일환으로 헨리의 책들을 읽을 때마다 기도에 관한 본문을 곳곳마다 표시해 두었을 뿐 아니라 본인도 기도를 삶의 생명줄로 삼아 왔다. 책을 펴내리라고 생각조차 못했을 때부터 이미 오랫동안 하나님과 연합의 삶을 살아온 것이다.

그러므로 이 책은 하나님과 헨리에 대한 웬디의 사랑에서 나온 것이다. 이 책은 사랑받는 딸로서 웬디와 하나님과의 관계의 결실이다. 웬디는 헨리의 글들을 고독, 사랑받는 자녀, 경청, 훈련, 용서 등의 주제별로 잘 묶어 놓았다. 전체적으로 흐름이 매끄럽고 교훈과 통찰과 영감이 가득하다. 이 책은 의식에서 우러난 깊은 사랑의 행위이다. 참 지혜와 아름다움을 발췌한 이 책은 역동적이면서도 주제에 통일성이 있고, 밝고 환하다.

「기도의 삶」은 갈망으로 시작한다. 하나님을 향한 우리의 갈망과 우리를 향한 하나님의 갈망이 모두 포함된다. 그 갈망이 있기에 우리는 하나님과의 친밀한 교제가 우리 마음의 깊은 그리움을 채워 주는 세계로 언제라도 들어갈 수 있다. 그 새로운 광경 앞에서 하나의 모험이 우리에게 소명과 도전으로 다가온다. 망망대해 같은 외로움 속에서 우리 생의 무한한 사랑의 원천을 찾는 모험이다. "외로움을 고독으로 승화하는 것이 우리의 소명이다. 외로움을 상처로 받아들이지 않고 선물―하나님의 선물―로 경험하는 것이 우리의 소명이다. 그래야 우리는 자신이 혼자이면서도 하나님께 얼마나 깊이 사랑받는 존재인지 알 수 있다"(50쪽). 그러나 이것은 금방 되는 일이 아니다. 우리는 사랑과 미움, 부드러움과 아픔, 용서와 욕심 따위의 감정들이 피차 분리되거나 더 강해지거나 변화되는 단계를 거쳐야 한다. 그럴 때 우리 마음속에서 일하시는 사랑의 정원사의 부드러운 손길이 서서히, 아주 서서히 '느껴지기' 시작한다.

    이 내면의 승화와 마음의 다스림은 우리의 정체 자체와 관련된 것이다. 세례 받으실 때 예수님은 자신을 "사랑하는 자"라 부르시는 음성을 들으셨다. 이 음성은 그분께 깊은 영향을 남겼다. 그로 인해 그분은 항상 하나님의 택함 받으신 자로 사실 수 있었다. 광야에서 마귀의 유혹을 물리치실 수 있었고, 자신을 비난하는 자들과 죽이는 자들에 맞서실 수 있었다. 그분은 겁내 움츠리지 않고 당당하셨다. 자신이 누구이며 누구에게 속해 있는지 잘 아셨기 때문이다. 헨리는 우리도 하나님―우리의 사랑을 갈망하시는―의 사랑받는 자녀로 당당히 서야 한다고 가르친다. 이것이야말로 전혀 새로운 인생관이다. 하나님과 우리 사이에 친밀한 사랑의 관계가 가능함을 우리는 정말 믿는가? 헨리는 질투하기까지 사랑하시는 예수님의 일화로 우리를 돕는다. 그분은 베드로에게 세 번이나 "네가 나를 사랑하느냐?"라고 물으셨고 끝없이 반응의 기회를 주시며 기다리셨다. 헨리는 말한다. "기도란 그 음성, 나를 '사랑하는 자'라 부르시는 분의 음성을 듣는 것이다"(79쪽).

「기도의 삶」은 우리에게 경청과 훈련에 대한 교훈을 들려준다. 경청과 훈련은 영원한 참 본향을 향한 기나긴 인생 여정에 없어서는 안되는 것이다. 간단명료한 글들을 통해 우리는 걸음을 멈추고 생각하며 귀기울여야 할 필요성을 깨닫는다. 우리 내면에는 우리를 산만한 활동으로 몰아가는 어떤 '힘'이 있다. 우리는 삶이 정신없이 바쁘고 피곤하다고 불평하면서도 인내의 훈련을 한사코 마다한다. 그것을 지적하는 헨리의 말에 우리는 공감할 수밖에 없다. 헨리는 이렇게 권한다. "훈련에 충실할 때 우리는 지금 여기서 뭔가 아주 깊고 신비롭고 창의적인 일이 벌어지고 있음을 서서히 느낀다.…… 우리는 궁휼이 풍성한 하나님의 임재를 경험한다"(117쪽). 헨리는 말한다. "우리는 낙심해서는 안된다. 예수님이 우리의 여정에 동행하시며 우리와 말씀하신다. 귀기울여 들을 때 우리는 여정 중에 이미 집에 와 있음을 깨닫는다"(126쪽).

헨리는 고독과 기도가 우리의 일상에 스며드는 모습을 이렇게 설명한다. "사실 마음의 기도란 일상의 많은 파도 밑에서 끊임없이 속삭이는 시냇물 같은 것이다. 세상에 속하지 않으면서도 세상 안에 살아가며, 고독의 한복판에서 우리 하나님께 발돋움할 수 있는 가능성이 거기서 열린다"(143쪽).

이 책에는 고독이 자연스레 우리를 공동체로 이끈다는 헨리의 통찰이 담겨 있다. 고독은 우리를 깨우쳐 인간가족 안에서 제자리를 찾게 해준다. 거기서 우리는 하나님의 사랑의 영에 이끌려 시공을 초월하여 우주적 소속감을 느끼게 된다. "사랑의 공동체는 나라와 대륙의 경계만 초월하는 것이 아니라 세월의 골까지도 뛰어넘는다. 먼 곳에 사는 사람들에 대한 의식은 물론 오래전에 살았던 사람들에 대한 추억을 통해서도 우리는 치유와 지원과 인도의 공동체에 들어설 수 있다. 공동체 내의 하나님의 공간은 모든 시공의 한계를 초월한다.…… 이것이 진정한 오순절 체험이다"(159쪽).

기도로 하나님과 연합하여 살 때 우리는 절망에 빠지지 않고 오히려 자신은 한낱 인간일 뿐이요 하나님은 하나님이시라는 벅찬 깨달음에 이르게 된다. 기도의 삶에 맺히는 열매는 "하나님의 용서의 품"(193쪽)을 체험하는 것이다.

죽음과 영생에 대해 말하는 부분에서 헨리는 다가오는 죽음의 실체를 무섭고 비참한 것이 아니라 "하나님의 태胎 안으로 돌아가는"(235쪽) 것으로 보게 해준다. 하나님과의 내적 연합이 점점 깊어져 우리는 점차 손에 만져질 듯 생생한 믿음을 배우게 된다. 너무 생생해 죽음이 마치 그네타기 곡예사가 그네를 '놓는' 것 정도로 보이기 시작한다. 헨리는 그네타기 곡예사 로드레이의 말을 인용해 이렇게 말한다. "조에게 날아갈 때 나는 단순히 양팔을 내밀어 그가 나를 잡아 안전하게 반대쪽 그네 위 디딤판으로 끌어 주기를 기다려야 합니다.…… 그네를 타고 나는 사람이 할 수 있는 최악의 일은 자기가 캐처catcher의 손을 잡으려 하는 것입니다." 헨리는 "죽는다는 것은 캐처를 믿는 것이다"라고 말한다. "그분을 잡으려 하지 마십시오. 그분이 당신을 잡으실 것입니다. 그냥 양팔을 내미십시오. 그리고 믿으십시오. 믿으십시오. 믿으십시오"(241쪽).

마지막 부분에서 우리는 헨리와 함께 기도하는 소중한 특권을 누린다. 이미 출간되었거나 아직 간행되지 않은 헨리의 엄선된 기도문들 속에서 우리는 기도의 예술에 우리의 스승이 되어 온 그의 마음을 본다. 그것은 친밀함과 사랑을 동경하는 가난하고 약하고 불안한 마음이다. 동시에 "나보다 아픔이 훨씬 많은 이 세상 수많은 이들과 다소나마 일체감을 맛보는 방편으로"(249쪽) 기꺼이 날마다, 조금씩 죽고자 하는 용감하고 넉넉한 마음이기도 하다. 우리의 마음은 어렵지 않게 헨리의 동경하는 마음과 하나가 된다. 극히 겸손하고 단순한 이 기도문들이 그의 가르침의 진실성을 입증한다.

댄은 헨리를 인간 상처의 체험을 뛰어넘었어야 할 기도의 사람으로 보았다. 헨리는 자신을 하나님의 연약하면서도 사랑받는 자녀로 보았다. '사랑받는 아들' 예수님과의 연합을 통해 구원을 맛본 자녀로 보았다. 「기도의 삶」은 그 체험의 한 실례이다. 유일한 실례가 아니라 보편적 실례이다. 우리와 우리의 세상에 얼마나 귀한 소망인가!

1999년 6월 1일
헨리 나우웬 유작센터에서
성 요셉 수녀회 수 모스텔러

머리말

헨리 나우웬은 전세계 수많은 사람들에게 사랑받는 영적 지도자였고 지금도 그렇다. 그는 많은 이름으로 불렸는데, 그중 몇 가지 예를 들면 20세기 가장 영향력 있는 영성 작가 중 한 사람, 서구 영성의 표상, 해박한 신학자, 예언자, 상처 입은 치유자, 강력한 설교자, 마음의 사람, 충실하고 인정 많은 친구 등을 꼽을 수 있다. 많은 이들이 그러하듯, 나 역시 헨리를 처음 만난 것은 1970년대 중반 그의 저서를 통해서였다. 거의 즉시 그는 내 영혼의 단짝이 되었다. 읽는 책마다 내 마음의 가장 깊은 갈망들을 건드리는 것이 마치 나를 위해 쓰여진 것 같았다.

    헨리의 책들에 깊은 감명을 받기는 했으나 그에게 편지로 감사를 표현한 것은 15년이 지나서였다. 최종 타이프를 마치자 편지는 무려 15장에 달했다. 1년에 한 장 꼴인 셈이었다. 편지를 부치고 몇 주 후 나는 헨리로부터 내 이름이 멋지게 적힌 「탕자의 귀향 *The*

Return of the Prodigal Son」을 선물 받았다. 나는 그 선물에 깊은 감동을 받았고(헨리가 나 같은 사람들에게 늘 책을 보낸다는 사실을 당시에는 몰랐었다), 우리는 꾸준히 서신을 교환하기 시작했다. 나는 이듬해 노스캐롤라이나에서 열린 한 수련회에서 헨리를 처음 만났다. 그로부터 몇 주 후 헨리는 뉴욕 시의 우리 아파트에 머물기 시작했다. 곧 그는 내 가장 가까운 친구 중 하나이자 우리 집의 가장 귀한 손님 가운데 하나가 되었다.

오랜 세월 책을 통해 나를 가르쳐 온 헨리는 잦은 방문 중 몸소 모범을 통해 내게 더 많은 가르침을 주기 시작했다. 우리 집에 올 때마다 그는 아무리 피곤해도—대개 녹초가 되어 있었다—늘 기도 훈련에 충실했다. 아침기도와 저녁기도를 함께 드리자고 자주 우리를 불렀으며, 상황이 허락되는 한 언제나 우리와 함께 성찬식도 가졌다. 우리가 라르쉬 데이브레이크로 그를 찾아갔을 때도 그는 항상 아침 일찍 일어났으며, 함께 기도하자고 우리를 데이스프링 채플로 부르곤 했다. 우리의 하루는 그와 함께 드리는 밤기도로 마감될 때가 많았다.

헨리와 함께 기도하던 일 중 가장 기억에 남는 것은, 그가 긍휼이 풍성한 마음으로 세상의 고통을 자기 일처럼 온전히 끌어안던 모습이다. 우리와 함께 기도할 때 그는 언제나 우리 가족들, 자신이 속한 라르쉬 공동체, 곤경에 처한 가까운 친구들을 위한 기도로 시작하곤 했다. 이어 그의 기도는 전세계의 환자와 죽어가는 이들, 집 없는 이와 외로운 이들, 죄수와 난민들, 에이즈나 암이나 정신병 환자들, 기근이나 전쟁이나 자연재해 피해자들로 반경이 넓어졌다. 그의 기도는 아주 단순하면서도 깊이가 있었다.

몇 차례 나는 헨리에게 기도에 대한 책을 추천해 달라고 부탁한 일이 있었다. 한 번만 제외하고 그때마다 헨리는 이렇게 힘주어 말했다. "기도란 기도함으로 배우는 것입니다!" 그렇다면 나는 왜 헨리의 기도에 관한 책을 엮은 것일까? 오랜 세월 나는 그의 책들을 읽으며 기도에 관한 부분을 많이 표시해 두었다. 나 자신의 기도 여정에 길잡이가 되어 준 부분들이다. 1996년 헨리가 갑작스레 세상을 떠난 후 그 부분들을 다시 묵상하노라니, 그것이 비단 나에게만 아니라 다른 사람들에게도 놀라운 지혜와 영감과 격려의 말이라는 생각이 강하게 들었다. 하지만 그 글들은 무려 29권의 책들에 흩어져 있었다! 수 모스텔러의 승낙을 거쳐 나는 그 본문들과 그 밖에 내가 찾은 다른 발췌문들을 한데 모아 특별히 이 한 권의 모음집을 만들었다. 기도의 삶을 살려고 하는 이들에게 좋은 자원이 되도록 말이다.

「영적 발돋움 Reaching Out」에서 헨리는 이렇게 말한다. "역사상 많은 위대한 남녀 신앙인들 중 마음의 언어로 말하며 우리에게 용기를 주는 이들이 소수, 적어도 한두 명은 있을 것이다. 그들이 우리의 길잡이다. 그들은 모방의 대상이 아니라 우리도 자기들처럼 각자 저마다의 인생을 진실하게 살도록 돕는 이들이다. 그런 길잡이들을 만날 때 우리는 감사할 이유가 충분하다. 그들의 말을 귀기울여 들어야 할 이유는 더욱 충분하다."

헨리 나우웬은 나와 전세계 수많은 사람들에게 영감 어린 길잡이가 되어 왔다. 분명 그는 '마음의 언어'를 말하고 쓰며 무수히 많은 사람들에게 용기를 주었다. 길잡이인 그는 정녕 우리 여정의 동반자다. 그는 하나님과 그 아들 예수 그리스도로 더불어 우리의 관계가 점점 깊어져야 한다고, 부드럽게 그러나 끈질기게 우리를 일깨운다. 예수님을 믿는 그의 믿음과 그분을 오늘 살아 숨쉬는 분으로 만드는 그의 능력은 전염성이 강하다. 그의 책에는 사랑받는 자라는 주제가 반복되어 나타나는데, 그것은 우리 각자가 하나님의 사랑받는 아들딸로 살아야 한다는 도전이다. 자신이 사랑받는 자임을 기도를 통해 주장하는 법을 배울 때 우리는 다른 이들 역시 사랑받는 자로 보게 될 것이다.

내가 이 기도의 사람을 알고 그의 책까지 편집하게 되다니 이 얼마나 큰 특권이요 축복인가! 「기도의 삶」의 독자들이 헨리의 말을 '귀기울여 듣고' 나처럼 헨리 특유의 지도와 지혜와 격려와 진실성과 무엇보다 하나님께 대한 아낌없는 사랑을 인해 깊이 감사할 이유를 무수히 찾게 되기를 기도한다.

1999년 6월, 뉴욕 시에서
헨리 나우웬 협회 총재
웬디 윌슨 그리어

감사의 말

내게 협력과 지원을 아끼지 않은 다음 사람들에게 깊은 감사를 표하고 싶다.

헨리 나우웬 유작 관리인 수 모스텔러는 이 책을 엮는 일을 내게 맡겨 주었을 뿐 아니라 원고를 읽고 요긴한 제안을 들려주는 호의까지 베풀었다. 아울러 그녀는 여러 기사들과 미간행 기도문의 게재를 승낙했고 필요시 남녀 통칭 용어를 쓰도록 해주었다. 헨리도 지금이라면 그런 용어를 사용할 것이다. 원고를 입력하는 일도 수가 주선해 주었다. 고마움을 이루 말할 수 없다.

수잔 브라운은 뛰어난 편집 능력으로 초고의 선정과 배열을 다듬어 주고 언어를 좀 더 통일시켜 고쳐 주었다.

캐서린 크리프스는 원고를 능숙하게 기쁨으로 입력, 재입력 해주었다.

세인트 제임스 교회의 브렌다 허슨 목사와 길 바스케즈는 무리 없이 교회 복사기로 자료를 복사할 수 있도록 아량을 베풀어 주었다.

성 십자가회의 돈 맥네일은 노틀담 대학교 사회문제 센터에서 펴낸 기사 모음집 「헨리 나우웬」 한 권을 내게 주었다.

드루 신학교는 마이클 J. 크리슨슨과 칼 E. 새비지가 수집한 기사들로 1997년 티플-보스버그 강연회 참석자들을 위해 「나우웬 노트북」을 제작했다.

예일 대학교 신학부 도서관 특수 소장품실의 마르다 스몰리와 직원들은 나우웬 소장품에 속한 십여 가지 기사를 손쉽게 열람하도록 해주었다.

크로스로드 출판사의 그웬돌린 허더와 밥 헬러는 나를 따뜻이 맞아 주며 격려와 요긴한 충고를 아끼지 않았다. 그들은 이 책의 내용과 배열에서 제목과 표지에 이르기까지 내 전반적 아이디어에 아주 개방적 태도를 보였다. 크리스틴 건은 각 책의 출판사에서 사용 승인을 얻느라 크게 수고했다.

지난 세월 많은 친구들이 나와 함께 기도하며 하나님의 사랑을 보여주었다. 이름은 다 밝힐 수 없지만 일일이 고마움을 느낀다. 나의 부모님 브라운로와 조이 윌슨을 특히 꼽지 않을 수 없다. 어려서부터 내게 기도를 가르치셨고 친히 기도의 삶을 살아오신 분들이다. 두 분의 사랑과 모범에 깊은 감사를 드린다.

우리 가족의 사랑과 지원은 내게 진정 복이었다. 우리 아이들 케이트, 헤더, 조나단은 깊은 관심으로 이 책의 진행 과정을 지켜보

왔다. 내 남편 제이는 전심으로 나를 사랑하고 지지해 주었으며, 내가 이 작업에 몰두하느라 집 안이 엉망이 되어도 너그럽게 받아 주었다. 그는 내 여정의 동반자요 현명한 상담자요 가장 소중한 친구다. 그의 아름다운 기도는 내 영혼의 양분이다.

끝으로, 가장 깊이 감사할 사람은 헨리 나우웬이다. 그의 빛나는 모범과 아름다운 말과 사랑의 정신은 이 작업 내내 내 길잡이가 되어 주었다. 누구보다도 그는 내게 기도의 삶을 사는 법을 보여주었고 지금도 계속 보여주고 있다.

기도에의 부름

기도의 삶에의 부름은 곧 상처와 필요의 그물에 걸리지 않으면서 이 세상 한복판에 살라는 부름이다. '기도'라는 말은 폭력과 전쟁을 낳는 조건적 의존의 악순환을 과감히 끊는다는 뜻이요 전혀 새로운 거처로 들어선다는 뜻이다. 기도하면 대화방식과 호흡방식과 공존방식과 학습방식이 달라진다. 그렇다. 기도란 전혀 새로운 삶의 방식이다.

기도에 수반되는 이런 근본적 변화는 말로 표현하기 어렵다. 많은 이들에게 '기도'라는 말이 경건한 행위, 하나님께 말하는 것, 하나님을 생각하는 것, 아침과 저녁의 습관, 주일예배, 식사기도, 성경구절, 기타 많은 것들과 연관되어 있기 때문이다. 그 모든 것이 기도와 상관이 있겠지만 내가 말하는 기도는…… 무엇보다 평화를 미워하는 자들의 거처를 떠나 하나님의 집으로 들어가는 것이다.…… 기도는 그리스도인의 삶의 중심이다. 기도야말로 꼭 **필요한 것 한 가지다**(눅 10:42). 기도란 지금 여기서 하나님과 함께 사는 삶이다.

갈망

하나님께 대한 갈망이야말로
다른 모든 갈망의 길잡이가 되어야 한다.
「영혼의 양식」

기도란 하면 할수록—기도의 삶을 산다는
의미에서—더 하고 싶은 갈망이 생긴다.
「기도와 사역」

기도하고 싶은 갈망

기도란 하면 할수록—기도의 삶을 산다는 의미에서—더 하고 싶은 갈망이 생긴다. 기도의 삶을 살면 하나님과 단둘이 더 많은 시간을 보내고 싶은 갈망이 점점 커진다. 언제나 사람들의 생각과 정반대다. "내 삶이 곧 기도니까 굳이 따로 기도할 필요가 없다"가 아니다. 반대로 하나님과 단둘이 시간을 보내며 기도하고 싶은 갈망은 늘 더 커지는 법이다. 기도할수록 우리 속에는 주님과만 단둘이 있고 싶은 갈망이 싹튼다. 우리는 그분이 인파와 사건들 속에서도 여전히 빛을 발하시는 모습을 보아 왔다. 이제 기도는 우리가 누릴 수 있는 가장 큰 선물 중 하나가 된다. 하루의 일상 속에서 발견하는 하나님, 그분과만 단둘이 있고 싶은 마음은 위대한 갈망인 까닭이다. 마치 하루종일 친구들과 함께 일하고도 저녁때 다시 그들과만 있는 것이 좋은 것과 같다. 그 특별한 사람들과 더 함께 있고 싶은 것이다.

하나님을 향한 우리의 갈망

사람들은 흔히 갈망이란 물리쳐야 하는 것이라 말한다. 그러나 존재한다는 것은 곧 갈망하는 것이다. 우리의 몸과 마음과 가슴과 영혼은 갈망으로 가득 차 있다. 걷잡을 수 없이 날뛰며 마음을 몹시 어지럽히는 갈망도 있고, 깊은 사색으로 이끌며 놀라운 비전을 보게 하는 갈망도 있다. 어떤 갈망은 사랑하는 법을 가르쳐 주지만 어떤 갈망은 하나님을 찾지 못하게 막는다. 하나님께 대한 갈망이야말로 다른 모든 갈망의 길잡이가 되어야 한다. 그렇지 않으면 우리의 몸과 마음과 가슴과 영혼은 피차 적이 되며, 우리의 내면생활은 혼돈에 빠져 결국 절망과 자멸에 이르고 만다.

신앙훈련이란 갈망을 몽땅 뿌리뽑는 길이 아니라, 갈망끼리 피차 섬기고 함께 하나님을 섬기도록 질서를 잡아 주는 길이다.

하나님의 사랑의 보화

우리는 보화를 찾았다. 하나님의 사랑의 보화다. 우리는 그것이 어디 있는지 이미 알고 있다. 그러나 아직 그것을 온전히 소유할 준비는 되어 있지 않다. 너무나 많은 애착들이 계속 우리를 이리저리 잡아당긴다. 보화를 온전히 소유하려면, 처음 찾은 밭에 그 보화를 감춰 둔 뒤에 기쁘게 돌아가 자신의 소유를 모두 판 다음 다시 와서 그 밭을 사야 한다.

보화를 찾았다는 사실은 참 행복일 수 있다. 그러나 보화를 이미 소유했다고 편하게 생각해서는 안된다.…… 보화를 찾고 나면 그 보화에 대한 새로운 추구가 싹튼다. 신앙생활이란 이미 찾은 것에 대한 멀고 고된 추구일 때가 많다. 이미 하나님을 만난 사람만이 하나님을 구할 수 있다. 하나님의 무조건적 사랑에 대한 갈망은 이미 그 사랑을 접한 데서 나오는 열매다.

보화의 발견은 추구의 시작에 지나지 않기 때문에 우리는 조심해야 한다. 온전히 소유하기도 전에 보화를 남에게 내보이면 자신을 해치고 보화마저 잃을 수 있다. 사랑을 새로 찾았거든 고요하고 친밀한 공간에서 양분을 주어야 한다. 과도한 노출은 사랑을 죽인다.⋯⋯ 보화는 찾았으나 아직 온전히 소유할 준비가 되어 있지 않기에 우리는 쉬지 않고 움직이게 된다. 그것이 바로 하나님을 추구하는 쉴 새 없는 몸짓이다. 그것은 거룩함에 이르는 길이다. 하나님 나라로 가는 길이다. 쉼이 있는 곳으로 가는 여정이다.

우리를 향한 하나님의 갈망

기도의 필요성, 쉬지 말고 기도해야 할 필요성은 하나님을 향한 우리의 갈망보다는 우리를 향한 하나님의 갈망에 근거한 것이다. 그것이 내 깊은 확신이다. 우리를 기도로 부르는 것은 우리를 찾으시는 하나님의 간절한 추구다. 기도를 시작하는 쪽은 우리가 아니라 하나님이시다. 우리가 하나님을 원하는 것보다 하나님이 우리를 더 원하신다! 충격으로 들릴지 모르지만 성경적인 말이다. 영국의 영성 작가 안소니 블룸Anthony Bloom(수로즈의 안소니 대주교)이 그것을 나보다 더 잘 표현했다.

> 우리는 하나님께 겨우 몇 분 내드리면서 그 시간에 그분이 임재하지 않는다고 불평한다. 하지만 우리의 문을 두드리시는 하나님께 "죄송하지만 바쁩니다"라고 말하는 나머지 23.5시간은 어떤가. 심지어 전혀 반응이 없을 때도 있다. 우리의 마음과 생각과 양심과 삶의 문을 두드리시는 하나님의 노크소리를 아예 듣지 못하기 때문이다. 그러므로 때로 우리는 하나님의 부재不在에 대해 불평할 권리가 없다. 그분보다 우리가 더 부재하기 때문이다.

그렇다면 우리의 기도가 더 필요한 쪽은 누구인가? 우리인가 하나님인가? 하나님이다. 들어줄 대상이 더 필요한 쪽은 누구인가? 우리인가 하나님인가? 하나님이다. 우리가 기도하지 않을 때 더 '고생하는' 쪽은 누구인가? 우리인가, 하나님인가? 경외의 마음으로 그러나 두려움 없이 말하거니와, 하나님이다. 기도를 일시적 경건 행위로 전락시키는 한 우리는 하나님의 질투하시는 사랑의 신비에서 계속 멀어지는 것이다. 그 사랑 안에서 우리는 지음받고 구속되며 거룩해진다.

연합의 갈망

우리가 진정 갈망하는 것은 무엇일까? 나 자신의 가장 깊은 동경과 다른 이들의 동경을 귀기울여 들어 보면, 인간 심령의 갈망이 가장 잘 압축된 단어는 '연합'이다. 연합이란 누군가 대상과 하나가 된다는 뜻이다. 하나님은 우리에게 온전한 연합을 찾기 전에는 쉴 수 없는 마음을 주셨다. 우리는 우정과 결혼과 공동체에서 그것을 찾으려 한다. 친밀한 성관계와 환희의 순간과 재능의 인정에서 그것을 찾으려 한다. 성공과 명예와 보상을 통해 찾으려 한다. 어디를 보든 우리가 진정 구하는 것은 연합이다…….

    연합의 갈망은…… 하나님이 주신 갈망이다. 넘치는 기쁨뿐 아니라 지독한 고통을 유발하는 갈망이다. 예수님은 우리의 연합의 갈망이 헛된 것이 아니라, 그 갈망을 심어 주신 분을 통해 채워진다는 것을 선포하러 오셨다. 잠시 지나가는 연합의 순간들은 하나님이 우리에게 약속하신 영원한 연합의 그림자일 뿐이다. 연합의 갈망을 불신하는 것이야말로 우리를 가로막는 진정 위험한 일이다. 연합의 갈망은 하나님이 주신 갈망이다. 그것이 없을 때 우리 삶은 생명력을 잃고 우리 마음은 냉담해진다. 진정 영적인 삶이란, 모든 갈망의 아버지요 어머니인 하나님의 품안에서 쉼을 찾기 전에는 쉬지 못하는 삶이다.

기도란 무엇인가

기도 없는 신앙생활은
그리스도 없는 복음과 같다.
「영적 발돋움」

기도한다는 것은……
하나님의 임재 안에서 생각하고 산다는 뜻이다.
「로마의 어릿광대」

하나님을 향한 발돋움

우리는 인간의 한계에 도달했다고 느낄 때 '기도'라는 말을 가장 많이 사용하지 않는가? '기도'라는 말은 모든 생명의 근원과의 창의적 접촉을 뜻하기보다는 무력감을 나타내는 단어가 아닌가?

중요한 사실은…… 기도에 관한 감정과 경험과 의문과 좌절은 지극히 현실적인 것이며 대개 고통스런 구체적 사건의 산물이라는 것이다. 그럼에도 기도 없는 신앙생활은 그리스도 없는 복음과 같다. 뭔가를 입증하거나 방어하려 하기보다는 단순히 모든 회의와 불안과 의문을 이 하나의 질문에 담아 그분께 내려놓는 것이 좋다. '기도가 하나님과의 친밀한 관계이며 정녕 모든 관계—자신과의 관계와 타인과의 관계—의 기초일진대, 우리는 어떻게 기도하는 법을 배우며 진정 기도를 우리 존재의 축으로 삼을 수 있을까?' 이 질문에 초점을 맞출 때 우리는 자신의 삶 속에서 그리고 직접 대면을 통해서든 이야기나 책을 통해서든, 우리가 만나는 사람들의 삶 속에서 기도의 중요성을 알아갈 수 있다.

사람들은 흔히 기도를 연약한 것, 혼자 힘으로 안될 때 사용하는 지원체제 정도로 생각한다. 우리의 필요와 관심에 맞추어 우리의 형상대로 하나님을 만들어서 그 하나님께 기도하는 경우라면 맞는 말이다. 그러나 기도란 우리의 기준이 아니라 하나님의 기준으로 그분께 발돋움하는 것이다. 이런 기도는 우리를 자기집착에서 벗어나게 한다. 친숙한 영토를 떠나 우리 마음과 생각의 좁은 반경에 갇힐 수 없는 새로운 세계에 들어서게 한다. 그러므로 기도란 위대한 모험이다. 새로운 관계의 대상인 하나님이 우리보다 크시며 우리의 모든 계산과 예측을 뛰어넘으시기 때문이다. 착각을 버리고 참 기도로 나아가기란 어려운 일이다. 참 기도는 우리를 거짓된 확실성에서 참된 불확실성으로, 간편한 지원체제에서 모험의 복종으로, 많은 '안전한' 신에서 다함 없는 사랑의 하나님께로 이끌어가기 때문이다.

예수님 안에 거하는 삶

예수님의 말씀을 보면 기도의 의미에 대해 의심의 여지가 없다. "저가 내 안에 내가 저 안에 있으면 이 사람은 과실을 많이 맺나니 나를 떠나서는 너희가 아무것도 할 수 없음이라"(요 15:5). 기도란 한마디로 예수님 안에 거하는 것이다.

사랑의 구주의 임재를 놓친 채 오로지 채워야 할 굶주림, 해결해야 할 불의, 극복해야 할 폭력, 중단해야 할 전쟁, 없애야 할 외로움만 본다면 매번 우리의 삶은 감당 못할 짐이 되고 만다. 모든 것이 중요한 문제이고 그리스도인들은 마땅히 그런 문제를 해결하려 해야 한다. 하지만 우리의 관심이 더 이상 살아 계신 그리스도와의 인격적 만남에서 흘러나오는 것이 아닐 때 우리는 무거운 짐에 허덕이게 된다.

우리는 대부분 속으로 이렇게 말하며 그런 문제를 외면하려 한다. "나는 가정과 직장을 건사하는 문제만으로도 이미 족하다. 세상의 문제로 내게 부담을 주지 말라. 괜히 죄책감만 심어 주고 무력감만 느끼게 할 뿐이다." 우리는 더 이상 전체 인류의 현실에 참여하지 않고 비교적 안전하게 느껴지는 세상 한 모퉁이로 스스로 고립되는 쪽을 택한다. 두려울 때 여전히 기도할 수 있겠지만, 진정한 기도란 내 삶의 터전인 작은 부분만이 아니라 온 세상을 감싸 안는다는 사실을 망각한 것이다.

우리 안에서 기도하시는 성령

묵상기도의 실천은 하나의 훈련이다. 그 기도를 통해 우리는 비로소 우리 마음속에 계신 하나님을 보게 된다. 묵상기도는 우리 존재의 한가운데 거하시는 그분께 집중하여 귀기울이는 것이다. 그렇게 하나님의 임재를 느낄 때 우리는 자신의 모든 감각을 하나님의 소유로 내어드릴 수 있다. 기도훈련을 통해 우리는 내 안에 계신 하나님께 눈뜨게 되며, 하나님을 내 맥박과 호흡 속으로, 생각과 감정 속으로, 청각과 시각과 촉각과 미각 속으로 받아들일 수 있다. 이렇게 내 안에 계시는 하나님께 눈뜰 때, 비로소 우리는 주변 세상에 계신 하나님도 볼 수 있다. 묵상생활의 위대한 신비는 우리가 세상에 계신 하나님을 보는 것이 아니라 우리 안에 계신 하나님이 세상 속에 계신 하나님을 알아보는 것이다. 하나님이 하나님께 말씀하시고 성령이 성령께 말씀하시며 마음과 마음이 말한다. 그러므로 묵상이란 하나님의 이 자기인식에 동참하는 것이다. 이 세상에 초월의 요소를 심어 주고 우리를 온 세상에 충만한 성령의 임재에 눈뜨게 하는 것은 바로 우리 안에서 기도하시는 하나님의 영이다. 세상의 마음은 우리 '마음의 마음'으로라야 볼 수 있다. 여기서 묵상과 사역의 밀접한 관계가 나온다.

기도는 무의식의 삶과 의식의 삶을 이어 주는 다리다. 기도는 내 생각과 마음을, 의지와 열정을, 머리와 가슴을 이어 준다. 기도야말로 생명을 주시는 하나님의 성령으로 하여금 내 존재 구석구석에 파고들게 하는 길이다. 기도는 내 온전함과 조화와 내적 평화를 위한 하나님의 도구다.

기도와 고난

예수님은 말씀하신다. "수고하고 무거운 짐 진 자들아, 다 내게로 오라. 내가 너희를 쉬게 하리라. 나는 마음이 온유하고 겸손하니 나의 멍에를 메고 내게 배우라. 그러면 너희 마음이 쉼을 얻으리니 이는 내 멍에는 쉽고 내 짐은 가벼움이라"(마 11:28-30).

여기 기도의 더 깊은 의미가 나타나 있다. 기도란 자신을 예수님과 하나로 묶는 것이요 용서와 화해와 치유와 자비를 구하며 그분을 통해 온 세상을 하나님께 올려드리는 것이다. 그러므로 기도란 우리 앞에 닥쳐오는 인간의 모든 고뇌와 아픔—기아, 고문, 난민, 모든 형태의 신체적 정신적 고통—을 예수님의 온유하고 겸손하신 마음과 연결시키는 것이다…….

기도는 모든 슬픔을 모든 치유의 근원으로 가지고 가는 것이다. 예수님의 따뜻한 사랑으로 차가운 원한과 분노를 녹이는 것이다. 기쁨이 슬픔을 대신하고 자비가 적의를 몰아내고 사랑이 두려움을 덮으며 온유와 자상함이 미움과 무관심을 몰아내는 공간을 마련하는 것이다. 그러나 무엇보다도 기도란, 모든 사람을 하나님의 친밀한 사랑으로 이끄시는 예수님의 사명의 한 부분이 되어 그 자리를 지키는 길이다.

내 기도 방식을 찾아

기도에는 많은 방법이 있다. 기도를 진지하게 본다면, 더 이상 사람들이 행하는 인생의 많은 일들 중 하나가 아니라 모든 생명에 새로운 활력을 주는 기본적 수용 태도로 본다면, 필시 조만간 이런 의문에 부딪칠 것이다. "내 기도방식은 무엇인가? 내 마음의 기도는 무엇인가?" 예술가들이 가장 자기다운 스타일을 찾는 것처럼 기도하는 이들도 자기 마음의 기도를 찾는다. 인생의 가장 깊은 것, 우리에게 가장 소중한 것일수록 언제나 적절히 간수하고 잘 표현해야 한다. 그렇다면 종종 기도가 조심스레 정해진 동작과 말, 세세한 의식과 정교한 예식으로 이루어지는 것도 놀랄 일이 못된다.

내 기도의 대상은?

기도에 대해 얘기하다 나는 존 유즈 John Eudes에게 아주 기본적이고 약간 뻔한 듯한 질문을 던졌다. "기도할 때 나는 누구한테 기도하는 겁니까? '주님'이라고 말할 때 그 말은 무슨 뜻입니까?"

존 유즈는 내 기대와 전혀 다르게 이렇게 대답했다. "그거야말로 정말 물어야 할 질문입니다. 우리가 물을 수 있는 가장 중요한 질문이지요. 적어도 가장 중요한 질문으로 삼을 만한 질문입니다."

그는 그 질문을 정말 진지하게 대할 마음만 있다면 다른 문제는 거의 생각할 여지가 없을 것이라고 굉장히 힘주어 확신 있게 말했다. 존 유즈는 웃으며 말했다. "그 질문을 생각하다 너무 탈진되어 잠시 기분전환으로 「뉴스위크」를 읽어야 할 때를 제외하고는 말입니다……. 그 질문을 묵상의 중심으로 삼기란 결코 쉽지 않습니다. 그 질문에는 나라는 존재의 모든 부분이 걸려 있음을 곧 알게 될 것입니다. '내 기도의 대상인 주님은 누구신가?'라는 질문은 '주님께 기도하기 원하는 나는 누구인가?'라는 질문으로 직접 이어지기 때문이지요. 그것은 다시 이런 의문으로 발전할 것입니다. '공의의 주님이 사랑의 주님이기도 하며 두려운 하나님이 인자와 긍휼의 하나님이기도 한 까닭은 무엇일까?' 그것을 따라가면 묵상의 중심에 이르게 됩니다.

해답이 있을까요? 그렇기도 하고 아니기도 합니다. 묵상 속에서 알게 됩니다. 어느 날 질문은 그대로 있는데도 섬광처럼 뭔가 깨달아질 수 있습니다. 그 질문이 우리를 하나님께 더 가까이 이끌어 준 셈이지요. 이것은 단지 많은 질문들 중 하나일 수 없습니다. 어떤 의미에서 이것만이 우리의 유일한 질문이 되어야 합니다. 나머지 모든 삶은 그 질문을 중심으로 제자리를 찾게 됩니다. 그 질문을 묵상의 중심으로 삼으려면 결단이 필요합니다. 그 결단을 시작으로 우리는 먼 여정, 아주 머나먼 여정에 오르게 됩니다."

순례에 관해

기도란 무엇보다도 언제나 새롭고 언제나 다른 하나님을 향해 수용적 자세를 갖는다는 뜻이다. 하나님은 마음이 우리보다 크면서도 깊이 감동받으시는 분이다. 언제나 새로운 하나님을 대면하여 기도로 마음을 열고 받아들일 때 우리는 자유를 얻는다. 기도란 끊임없이 걷는 길이요 순례다. 그 길에서 우리는 우리가 찾으려는 하나님에 대해 우리에게 뭔가 말해 줄 수 있는 사람들을 점점 더 많이 만나게 된다. 우리가 하나님께 완전히 도달했는지는 확실히 알 수 없다. 그러나 하나님이 언제나 새로운 분이라는 것과 두려워할 이유가 전혀 없다는 것만은 분명히 알고 있다.

미리 맛보는 하나님 나라의 삶

기도란 모든 잘못된 소속을 떨쳐 버리고 자유를 얻어 하나님께만 속하는 행위다. 종종 진심으로 기도하고 싶은 갈망이 있으면서도 동시에 강한 저항이 느껴지는 이유가 거기에 있다. 우리는 우리 존재의 근원이자 목표인 하나님께 가까이 다가가기 원하지만, 동시에 하나님과 가까워질수록 그동안 주변에 쌓아 온 '안전한' 구조물을 다 버리라는 하나님의 요구도 더 강해진다는 것을 깨닫는다. 기도란 그 정도로 혁명적 행위다. 세상을 살아가는 우리의 존재양식을 모두 재평가해 자신의 옛 자아를 내려놓고 새 자아인 그리스도를 받아들여야 하기 때문이다.

그리스도와 함께 살려면 그리스도와 함께 죽어야 한다는 바울의 말이 바로 그런 뜻이다. 바울은 그 죽음과 중생의 체험을 이렇게 고백한다. "이제는 내가 산 것이 아니요 오직 내 안에 그리스도께서 사신 것이라……"(갈 2:20).

기도의 행위를 통해 우리는 통제의 착각에서 벗어난다. 모든 잘못된 소속을 떨쳐 버리고 우리의 유일한 소속 대상인 하나님께 온전히 나아가는 것이다. 그러므로 기도란, 자신의 것이라 생각했던 모든 것에 대해 죽는 행위이며 이 세상에 속하지 않은 새로운 존재로 태어나는 행위다. 기도는 과연 하나님에 대해 살고 세상에 대해 죽는 것이다. 기도는 지금 이미 우리를 새 하늘과 새 땅에 들여놓아 하나님 나라의 삶을 미리 맛보게 해준다. 그것이 기도의 위대한 신비다. 하나님은 시간을 초월하는 영원불멸의 존재이며 기도는 우리를 그 하나님의 삶 속으로 들어올려 준다.

기도와 희망

기도한다는 것은 하나님 앞에 손을 편다는 것이다. 양손을 움켜쥐게 하는 긴장을 서서히 내보내는 것이며, 자신의 존재를 더욱 준비된 마음으로—방어할 소유물이 아니라 수용할 선물로—받아들이는 것이다. 무엇보다 기도는 세상 한복판에서 정적靜寂을 발견하는 생활방식이다. 거기서 우리는 하나님의 약속에 손을 펴고 자신과 이웃과 세상을 위한 희망을 발견한다. 기도할 때 우리는 세미한 음성과 부드러운 미풍 속에서만 아니라 요란한 세상 한복판에서도, 이웃의 아픔과 기쁨 속에서도, 그리고 자신의 마음의 고독 속에서도 하나님을 만나게 된다.

기도는 삶이다

기도는 새로운 길들을 보게 해주며 공중의 새로운 음악을 듣게 해준다. 기도는 원하는 곳에 가서 원하는 곳에 머물 자유를 주는 우리 삶의 호흡이다. 새로운 지평에 닿는 길의 많은 표지판이 기도중에 보인다. 기도는 단순히 그리스도인의 하루 일과의 필수요소나 어려울 때 도움의 출처가 아니다. 주일아침이나 식사시간에 국한된 것도 아니다. 기도는 삶이다. 기도는 먹고 마시는 것, 움직이고 쉬는 것, 가르치고 배우는 것, 놀고 일하는 것이다. 기도는 우리 삶의 모든 부분에 스며든다. 기도는 우리가 있는 곳에 하나님도 함께 계시다는 끊임없는 인식이다. 그분은 좀 더 가까이 와서 당신이 주신 삶의 선물을 마음껏 누리라고 언제나 우리를 부르신다.

고독

고독이란 하나님 한분만을 위한
시간과 장소에서 시작된다.
「모든 것을 새롭게」

고독 속에서 우리는 하나님은 물론
자신의 참 자아를 만난다.
「로마의 어릿광대」

그 은밀한 골방

고독 없이 영적인 삶을 산다는 것은 사실상 불가능한 일이다. 고독이란 하나님 한분만을 위한 시간과 장소에서 시작된다. 하나님이 존재하신다는 것뿐 아니라 그분이 우리 삶 속에 활발하게 임재하고 계심—치유, 가르침, 인도 등—을 정녕 믿는 우리라면, 나뉘지 않은 마음으로 그분께 집중할 시간과 장소를 떼어낼 필요가 있다. 예수님은 이렇게 말씀하신다. "너는 기도할 때에 네 골방에 들어가 문을 닫고 은밀한 중에 계신 네 아버지께 기도하라"(마 6:6).

그리스도인의 삶을 산다는 것은 세상 **안에** 살되 세상에 **속하지 않**는다는 뜻이다. 내면의 자유는 그 고독 속에서 자란다. 예수님은 한적한 곳으로 기도하러 가셨다. 자신의 모든 권세가 위로부터 주어진 것이고, 자신의 모든 말이 아버지께로서 온 것이며, 자신의 모든 일이 실은 자신의 일이 아니라 자신을 보내신 분의 일이라는 사실을 그 고독한 곳에서 더욱 깊이 인식하신 것이다. 골방에서 예수님은 실패의 자유까지 얻으셨다.

골방이 없는 삶, 조용한 중심축이 없는 삶은 금세 파괴적이 된다. 정체감 확인의 유일한 길로서 자신의 행동의 결과에 매달릴 때 우리는 소유적·방어적이 되며, 동료 인간을 삶의 선물을 나눌 친구가 아니라 거리를 유지해야 할 적으로 보게 된다.

고독 속에서 우리는 서서히 소유적 태도의 환각을 벗을 수 있고, 나라는 존재가 정복 대상이 아니라 위에서 주어진 것임을 자아의 중심으로부터 깨달을 수 있다. 고독 속에서 우리는, 우리가 입도 뗄 수 있기 전에 우리에게 말씀하셨고, 우리가 도움의 손길을 내밀 수 없을 때 이미 우리를 치유하셨고, 우리가 남들을 자유케 할 수 있기 훨씬 전부터 우리를 자유케 하셨고, 우리가 남에게 사랑을 줄 수 있기 오래전부터 우리를 사랑하신 그분의 음성을 들을 수 있다. 바로 그 고독 속에서 우리는, 존재가 소유보다 중요하다는 것과 인간이 행동의 결과보다 가치 있는 존재임을 깨우친다. 고독 속에서 우리는, 삶이 방어할 소유물이 아니라 나눠야 할 선물임을 알게 된다. 우리의 치유의 말이 실은 우리 것이 아니라 위로부터 주어진 것이고, 우리가 표현하는 사랑이 더 큰 사랑의 한 부분이며, 우리가 낳는 새 생명이 집착할 재산이 아니라 받아들일 선물임도 우리는 고독 속에서 배운다.

외로움을 고독으로 승화하기

[고독과 고독의 필요성]을 이야기할 때 중요한 세 단어가 있다. 혼자라는 말과 **외로움**이라는 말과 고독이라는 말이다. 모든 인간은 혼자이다. 혼자라는 것은 당연한 사실이다. 세상에 나와 같은 사람은 아무도 없다. 나는 유일무이한 존재다. 세상을 나처럼 느끼고 경험하는 사람은 아무도 없다. 나는 혼자다.

그렇다면 혼자라는 사실을 어떻게 받아들일까? 많은 사람들이 그것을 외로움으로 받아들인다. 혼자라는 것을 상처로, 나를 아프게 하고 불행하게 만드는 것으로 경험한다는 뜻이다. 그래서 우리는 "누구 도와줄 사람 없나요?" 하고 절규한다. 외로움은 오늘날 고통의 가장 큰 출처 중 하나다. 그것은 우리 시대의 질병이다.

하지만 그리스도인으로서 외로움을 고독으로 승화하는 것이 우리의 소명이다. 외로움을 상처로 받아들이지 않고 선물—하나님의 선물—로 경험하는 것이 우리의 소명이다. 그래야 우리는 자신이 혼자이면서도 하나님께 얼마나 깊이 사랑받는 존재인지 알 수 있다.

우리가 가장 홀로이고 가장 유일무이하며 가장 자기다울 때, 바로 그때가 하나님이 우리에게 가장 가까울 때다. 바로 그럴 때 우리는 하나님을, 나보다 나를 더 잘 아시는 사랑의 하나님 아버지로 경험하게 된다.

가장 혼자일 때 우리는 하나님께 가장 사랑받는다. 고독이란 그 사실을 점차 깨달아가는 길이다. 고독은 심령의 자질이다. 자신이 혼자라는 사실을 하나님의 선물로 감사하며 받아들이게 해주는 내적 상태다.

그 상태에서 우리의 활동은 남을 위한 활동이 된다. 자신이 혼자임을 하나님의 선물로 받아들여 깊은 고독으로 승화할 때, 우리는 그 고독 속에서 다른 사람들에게 손내밀 수 있다. 우리는 함께 공동체를 이룰 수 있다. 외롭다고 서로에게 매달리지 않기 때문이다. 우리는 남을 이용하거나 조종하지 않는다. 오히려 우리는 타인의 고독에 고개 숙인다. 서로를 동일한 하나님께 부름받은 인간으로 존중한다.

내가 내 고독 속에서 하나님을 발견하고 당신이 당신의 고독 속에서 하나님을 발견할 때, 한 하나님이 우리를 함께 부르시며 우리는 친구가 된다. 우리는 공동체를 이룰 수 있고 부부 사이를 유지할 수 있다. 서로에게 매달려 서로를 파멸에 몰아넣지 않고도 더불어 함께 있을 수 있다.

외로움은 값진 선물

그러나 외로움에 대해 생각할수록, 나는 외로움의 상처가 그랜드캐년처럼 우리 존재의 표면에 깊게 파인 골 같다는 생각이 든다. 신기하게도 그 골이 아름다움과 자기 이해의 끝없는 원천이 된다.

그래서 큰소리로 분명히 밝히고 싶은 말이 있다. 사람들이 좋아하지 않을 수 있고 심지어 귀에 거슬릴 수도 있는 말이다. 그리스도인의 삶은 외로움을 없애려 하지 않는다. 오히려 외로움을 값진 선물로 지키고 아긴다. 때로 우리는 인간의 근본적 외로움에 부딪치는 고통을 피하려 안간힘을 다하면서, 즉각적인 만족과 신속한 위안을 약속하는 거짓 신들에 스스로 빠져들기도 한다. 그러나 외로움의 뼈아픈 인식은 자신의 한계를 초월하여 우리 존재의 반경 밖을 내다보라는 초청일 수 있다. 외로움의 인식은 우리가 지키고 간수해야 할 선물일 수 있다. 외로움이야말로 우리 내면의 공허를 드러내 주기 때문이다. 내면의 공허를 바로 이해하지 못하면 파멸로 치달을 수 있지만, 그 쓰라린 고통을 참을 수 있는 자는 약속으로 충만케 된다.

고독의 훈련

우리 삶 속에 고독을 들여오는 것은 매우 필수적이면서도 무척 어려운 훈련 중 하나다. 진정한 고독에 대한 깊은 갈망이 있으면서도 막상 그 고독한 시간과 장소로 다가가려고 하면 모종의 불안을 느끼게 된다. 사람도 책도 텔레비전도 전화도 없이 혼자가 되는 순간, 우리 안에는 내적 혼돈이 펼쳐진다. 이 혼돈이 너무 산만하고 번잡스러워 다시 바빠지지 않고는 도무지 견딜 수 없는 경우도 있다. 그러므로 골방에 들어가 문을 닫는다고 해서 내면의 회의, 불안, 두려움, 나쁜 기억, 풀리지 않은 갈등, 분노의 감정, 충동적 욕구가 그 즉시 닫히는 것은 아니다. 오히려 외적 방해 세력을 제거하고 나면 그 다음에는 내적 방해 세력이 걷잡을 수 없이 밀려드는 때가 많다…….

고독이란 집착과 염려의 삶에 대한 자발적 반응이 아니다. 혼자 있고 싶지 않은 이유는 헤아릴 수 없이 많이 있다. 그러므로 우리는 약간의 고독을 신중하게 계획하는 데서부터 출발해야 한다. 하루 5-10분이 우리가 견딜 수 있는 최대치일 수 있다. 혹은 하루에 한 시간, 한 주에 한나절, 한 달에 하루, 일 년에 한 주간만큼만 마음이 준비되어 있을 수도 있다. 시간의 양은 기질, 나이, 직업, 생활방식, 성숙도 등에 따라 사람마다 다를 것이다. 그러나 하나님과 함께 있을 시간을 조금이라도 떼어 놓고 그분의 음성을 듣지 않는다면, 그것은 영적인 삶을 진지하게 여기지 않는 것이다. 아무도 그 시간을 빼앗지 못하게 일정표에 분명히 표시해 놓아야 할 경우도 있다. 그렇게 해놓으면 친구나 이웃이나 학생이나 고객이나 의뢰인이나 환자에게 이렇게 말할 수 있을 것이다. "죄송하지만 그 시간에는 이미 약속이 있어 변경할 수 없습니다."

일단 홀로 시간을 보내는 일에 꾸준히 자신을 드리면 내면에 하나님의 음성에 대한 민감함이 생겨난다. 처음 며칠, 몇 주, 혹 몇 달 동안은 시간 낭비 같은 기분이 들 수도 있다. 고독의 시간이란, 처음에는 마음의 숨은 부분에서 오만 가지 생각과 감정이 요동쳐 나오는 시간과 하등 다를 바 없어 보일 수도 있다.

초대교회의 어느 그리스도인 작가는, 고독한 기도의 첫 단계를 오랜 세월 문을 열고 살다가 갑자기 문을 닫기로 한 어떤 남자의 경험에 빗대어 말했다. 그 집에 드나들던 객들은 왜 더 이상 못 들어가는지 궁금하여 문을 쾅쾅 치기 시작한다. 더 이상 환영받지 못한다는 것을 알고 나서야 이들은 서서히 발길을 끊는다…….

우리는 고독 속에서 보내는 시간이 중요하다는 것을 직관적으로 안다. 심지어 이 무용하고 이상한 시간을 고대하기까지 한다. 고독에 대한 이 열망은 흔히 기도의 첫 신호요 성령의 임재를 인식하는 첫 징후다. 많은 염려에서 자신을 비울 때 우리는 그동안 내가 절대로 혼자가 아니었으며 성령이 줄곧 나와 함께 계셨음을 머리로만 아니라 가슴으로 알게 된다…….

고독 속에서 우리는 이미 우리에게 주신 바 되었던 성령을 비로소 알게 된다. 그러므로 고독 속에서 만나는 고통과 환난은 소망의 길이 된다. 우리의 소망의 근거는 환난이 끝난 뒤에 일어날 일에 있는 것이 아니라, 환난의 한복판에 임하시는 치유의 성령의 현실적 임재에 있기 때문이다. 고독의 훈련은 우리 삶 속에서 하나님의 이 소망의 임재를 서서히 느낄 수 있게 해주며, 새 하늘과 새 땅에 속한 기쁨과 평안의 첫 열매를 지금부터 맛볼 수 있게 해준다.

자신의 무無에 직면함

고독의 의미를 알려면 먼저 세상의 왜곡된 고독의 개념에서 가면을 벗겨야 한다. 우리는 삶에 어느 정도 고독이 필요하다고 서로 말한다. 그러나 정작 우리가 생각하는 것은 자신만을 위한 시간과 공간이다. 아무도 귀찮게 하는 사람 없고 내 생각에 몰두할 수 있고 내 신세타령에 빠질 수 있고 어떤 일이든 내 일을 할 수 있는 자리다. 우리에게 고독이란 대부분 프라이버시로 통한다.…… 우리는 또한 고독을 에너지 재충전 센터나 상처에 약을 바르고 근육을 마사지하고 적당한 구호로 용기를 되찾는 복싱 경기장의 코너쯤으로 생각한다. 한마디로 우리가 생각하는 고독은, 끝없는 경쟁적 삶을 지속하기 위해 새 힘을 얻는 장소다.

그러나 그것은 세례 요한이나 성 안토니나 성 베네딕트나 샤를르 드 푸코Charles de Foucauld나 떼제 형제들의 고독은 아니다. 이들에게 고독이란 자기만의 치료처가 아니다. 오히려 그것은 옛 자아가 죽고 새 자아가 태어나는 변화의 장소요 새 사람이 출현하는 곳이다.

이런 변화의 고독을 어떻게 좀 더 분명히 이해할 수 있을까?…… 고독 속에서 나는 모든 디딤돌을 치운다. 친구와 대화도 없고 전화도 걸지 않고 모임에도 나가지 않고 음악도 듣지 않고 독서로 마음을 산만하게 하지도 않는다. 그저 나 혼자다. 벌거벗고 무력하고 연약하고 죄 많고 깨지고 빈손인 채로. 무의 상태. 내가 고독 속에서 직면해야 하는 것이 바로 그 무의 상태다. 무란, 내 속의 전 존재가 금방이라도 친구나 업무나 오락으로 달려가고 싶을 정도로 무서운 것이다. 자신의 무를 잊어버리고 스스로 뭔가 대단한 존재라 믿고 싶은 것이다. 문제는 거기서 끝나지 않는다. 고독 속에 머물기로 결단하는 순간, 번잡스런 생각과 산만한 이미지와 어지러운 공상과 이상한 연상이 바나나 나무의 원숭이들처럼 내 마음속을 헤집고 돌아다닌다. 분노와 탐욕이 흉측한 얼굴을 드러내기 시작한다.…… 그렇게 나는 또 한번 어두운 무의 심연에서 벗어나 온갖 허식으로 거짓 자아를 되찾으려 한다.

    모든 유혹의 객들이 문을 두드리다 지쳐 내게서 손을 뗄 때까지 고독을 포기하지 않고 골방에 남아 있는 것, 그것이 관건이다.…… 자신의 두려운 무와 직면할 때 우리는 주 예수 그리스도께 조건 없이 온전히 자신을 내어드릴 수밖에 없다. 이것이 광야가 가르치는 지혜다. 혼자서는 '죄악의 신비'를 무사히 대면할 수 없다. 오직 그리스도만이 악의 세력을 이기실 수 있다. 그분 안에서, 그분을 통해서만 우리는 고독의 시련을 견뎌 낼 수 있다.

창의적인 일

침묵이란 심신의 쉼을 뜻한다. 하나님 앞에 머무르는 쉼이다. 이것은 아주 두려운 일이다. 자신의 행동과 사고에 대한 통제력을 내놓는 것과 같고, 내가 창의적인 일을 하는 것이 아니라 나에게 창의적인 일이 일어나도록 잠잠히 있는 것이다. 우리는 스스로 자신의 주인이 되어 자신의 정체에 대해 씨름하고 자기 존재의 궁극적 의미를 파헤치려다 지쳐 쓰러질 때가 많다. 얼마나 기막힌 일인가. 침묵이란, 타인과의 대화만 아니라 자신의 내면과 나누는 대화마저 멈추는 시간이다. 자유로이 숨을 들이쉬며 자신의 정체를 하나의 선물로 받아들이는 시간이다. "그런즉 이제는 내가 산 것이 아니요 오직 내 안에 그리스도께서 사신 것이라." 바로 이 침묵 속에서 하나님의 영은 우리 안에서 기도하시며 우리 안에서 창의적 사역을 계속하실 수 있다.…… 침묵이 없을 때 성령은 우리 안에서 소멸되며, 우리는 삶의 창의적 에너지를 다 잃은 채 차갑고 지친 모습으로 혼자 남게 될 것이다. 침묵이 없을 때 우리는, 중심을 잃은 채 끊임없이 내 관심을 요구하는 사람들의 피해자가 될 것이다.

침묵과 빛의 음성

침묵이란 오락 차원의 삶을 넘어서게 해주는 훈련이다. 침묵할 때 슬픔과 기쁨이 그동안 숨어 있던 곳에서 나와 우리를 보며 이렇게 말할 수 있다. "두려워하지 말고 당신의 여정을 보십시오. 어두운 면과 밝은 면을 모두 보십시오. 자유에 이르는 길을 찾으실 수 있습니다." 침묵은 자연 속에서도 찾을 수 있고 자기 집에서도 찾을 수 있고 교회나 기도원에서도 찾을 수 있다. 어디서 찾든 우리는 침묵을 소중히 지켜야 한다. 자신의 존재를 진정으로 깨닫고 서서히 자신을 하나님의 선물로 받아들일 수 있는 곳이 바로 그 침묵 속이기 때문이다.

처음에는 침묵이 마냥 두려울 수 있다. 침묵 속에 들어서면 어둠의 음성이 들려오기 시작한다. 자신의 질투와 분노, 원한과 복수심, 정욕과 탐심, 그리고 상실과 학대와 거부에 대한 상처의 음성이다. 이런 음성은 대개 시끄럽고 소란스럽다. 귀가 멀 수도 있다. 우리의 가장 본능적인 반응은 거기서 달아나 오락으로 돌아가는 것이다.

그러나 어두운 음성에 겁먹지 않고 인내를 훈련한다면 그런 음성은 점차 힘을 잃고 뒷전으로 밀려나게 되어 있다. 좀 더 부드럽고 온유한 빛의 음성에 자리를 내주는 것이다.

빛의 음성은 평화와 자비와 온유와 선함과 기쁨과 희망과 용서, 그리고 무엇보다 사랑을 말한다. 처음에는 작고 시시해 보일지 모르며 좀처럼 믿어지지 않을 수도 있다. 그러나 빛의 음성은 아주 집요하며, 계속 들을수록 점점 강해진다. 그것은 아주 깊고 먼 곳에서 들려온다. 실은 우리가 태어나기 전부터 줄곧 우리에게 말해 왔다. 우리를 세상에 보내신 분 안에는 어두움이 조금도 없고 오직 빛뿐임을 그 음성은 우리에게 들려준다.

심령의 고독

고독의 훈련에는 따로 구별된 시간과 공간이 필요한 것이 사실이지만, 궁극적으로 중요한 것은 우리가 어디를 가서 무엇을 하든 우리 심령 자체가 하나님이 거하시는 고요한 골방처럼 되는 것이다. 하나님과 단둘이 보내는 시간을 훈련하면 할수록, 우리는 하나님이 언제 어디서나 우리와 함께 계시다는 사실을 깨닫게 된다. 그렇게 되면 분주하고 활동적인 삶의 한복판에서도 그분을 알아볼 수 있다. 시공時空의 고독이 심령의 고독이 되고 나면 이제 더 이상 그 고독을 떠날 필요가 없다. 언제 어디서나 영적인 삶을 살 수 있게 되는 것이다. 이렇듯, 고독의 훈련은 우리로 하여금 세상 속에서 적극적인 삶을 살면서도 늘 살아 계신 하나님의 임재 안에 머무르게 해준다.

내면의 정원 가꾸기

혼자서 조용히 있는다는 것은 잠자는 것과는 다르다. 사실 그것은 온전히 깨어서 자신의 내면에서 벌어지는 모든 움직임을 세심한 주의로 살피는 것이다. 그러려면 주변을 두리번거리며 손닿는 것을 찾으려는 유혹과, 자리를 박차고 일어나 다시 가버리고 싶은 충동을 감지하는 훈련이 필요하다. 혼자 있는 것이 훈련되면 자신의 내면의 뜰을 거닐 자유가 생긴다. 자기 마음에 이르는 길을 쉽게 찾을 수 있도록 낙엽을 긁어모아 길을 청소하게 된다. 이 '미지의 땅'에 처음 들어설 때는 두려움과 불안이 있겠지만 점차 분명히 질서가 보이며 친숙해지게 되어 있다. 그럴수록 집에 있고 싶은 열망이 더 깊어진다.

이 새로운 확신과 함께 우리는 자신의 삶을 안으로부터 새롭게 되찾는다. 자신의 내면 공간―사랑과 미움, 부드러움과 아픔, 용서와 욕심 따위의 감정들이 피차 분리되거나 더 강해지거나 변화되는 곳―을 새로이 알게 되면서 우리의 손은 능숙하고 부드러운 정원사의 손이 되어 간다. 그 손으로 우리는 새 식물이 자랄 자리를 조심스레 터주며, 잡초를 뽑을 때도 함부로 덤비지 않고 오직 어린 생명을 해칠 만한 잡초만 뽑아 준다.

자신의 참 자아를 만남

고독 속에서…… 두려움과 분노는 서서히 가면을 벗고 거짓 자아의 정체를 드러낸다. 고독 속에 있을 때 거짓 자아는 하나님의 사랑의 품안에서 위력을 잃는다. "사랑 안에 두려움이 없고 온전한 사랑이 두려움을 내어쫓는다"(요일 4:18)는 요한의 말이 바로 그런 뜻이다. 고독 속에서 우리는, 자신이 하나님이 지으신 존재라는 진리에 서서히 이를 수 있다. 그러므로 고독은 변화의 장소다. 거기서 우리는, 피차 자신의 소유와 능력을 내보이려던 자에서 내 전 존재가 하나님의 값없는 선물임을 깨닫고 빈손을 활짝 펴 그분께 들어올리는 자로 변화된다. 그러므로 고독 속에서 우리는, 하나님은 물론 자신의 참 자아를 만난다. 사실 하나님의 임재의 빛 안에서만 우리는 자신이 누구인지 정확히 볼 수 있다.

자신의 광야 만들기

우리가 고독 속에 들어가는 것은 무엇보다도 우리 주님을 만나고 하나님과 단둘이 있기 위해서이다. 그러므로 고독에서 가장 중요한 일은, 자신에게 엄습해 오는 많은 얼굴들에 쓸데없는 관심을 기울이는 것이 아니라 마음과 가슴의 눈을 우리 구주 하나님께 고정하는 것이다. 은혜의 문맥 안에서만 우리는 자신의 죄를 대면할 수 있다. 치유의 장소에서만 우리는 감히 자신의 상처를 내보일 수 있다. 일편단심 그리스도를 바라볼 때에만 우리는 집요한 두려움을 떨치고 자신의 참 본질에 직면할 수 있다. "이제는 내가 산 것이 아니요 오직 내 안에 그리스도께서 사신 것"을 깨달을 때, 곧 그분이 나의 참 자아임을 깨달을 때, 우리는 서서히 강박관념이 녹아 없어지면서 하나님 자녀의 자유를 경험할 수 있다. 그럴 때 우리는, 과거를 되돌아보고 웃으며 자신에게 더 이상 분노나 탐욕이 없다는 사실을 깨닫게 된다.

이 모든 것이 우리의 일상생활에 주는 의미는 무엇일까? 비록 수도원의 삶으로 부름받거나 혹독한 물리적 광야에서 살아남아야 할 일이 없다 해도 고독은 여전히 우리의 책임이다. 우리의 세속 환경에는 영적 훈련이 거의 없다. 그렇기 때문에 자신의 훈련을 스스로 개발해야 한다. 사실 우리는 날마다 조용히 물러나 강박관념을 떨쳐 버리고 우리 주님의 온유한 치유의 임재 안에 거할 수 있는 자기만의 광야를 만들어야 한다.

긍휼의 일체감

긍휼의 일체감은 고독 속에서 자란다. 모든 인간사가 나와 동떨어진 것이 아니며 모든 싸움과 전쟁과 불의와 학대와 증오와 질투와 시기의 뿌리가 바로 내 마음속에 깊이 뿌리박고 있다는 사실을, 우리는 고독 속에서 깨닫는다. 고독 속에서 딱딱한 마음이 부드러운 마음으로, 반항의 마음이 회개의 마음으로, 닫힌 마음이 모든 고통받는 이들에게 일체감을 느끼는 열린 마음으로 바뀔 수 있다.

사막의 교부들에게 고독이 긍휼을 낳는 이유를 묻는다면 그들은 "고독이 우리를 이웃에 대해 죽게 하기 때문"이라고 말할 것이다. 맨 처음 이 대답은 현대인의 마음에는 거북하게 들린다. 그러나 좀 더 자세히 살펴보면, 다른 사람들을 섬기려면 그들에 대해 죽어야 한다는 사실을 알 수 있다. 즉 우리의 의미와 가치를 타인의 자로 재는 일을 그만두어야 한다. 이웃에 대해 죽는다는 것은 그들에 대한 판단과 평가를 멈추고 한껏 긍휼을 품는다는 뜻이다. 긍휼과 판단은 공존할 수 없다. 판단에서 거리감과 구별이 생겨나기 때문이다. 그 상태에서는 진정 타인과 함께 있을 수 없다.

고독과 공동체

고독은 공동체의 공적 공간에 대비되는 사적 공간이 아니며, 공동체생활을 위해 자신을 회복하는 치유의 공간만도 아니다. 고독과 공동체는 서로 속해 있다. 원의 중심과 원주처럼 서로가 서로를 필요로 한다. 공동체 없는 고독은 우리를 외로움과 절망에 빠지게 하고, 고독 없는 공동체는 우리를 "말과 감정의 공허"(본회퍼)로 밀어 넣는다…….

고독이 공동체생활에 필수인 것은 우리가 고독 속에서 서로 가까워지기 때문이다. 서로간에 직접적 상호작용이 이루어지는 장소를 떠나 혼자 기도하고 공부하고 읽고 쓰고 단순히 조용한 시간을 보낼 때, 사실 우리는 공동체의 성장에 온전히 동참하고 있는 것이다. 함께 말하고 놀고 일할 때에만 서로 가까워진다고 생각한다면 그것은 오산이다. 물론 그런 상호작용을 통해서도 인간관계는 많이 자라지만, 고독 속에 들어설 때에도 최소한 그에 못지않은 성장이 이루어질 수 있다. 우리는 고독 속으로 타인을 데리고 들어간다. 거기서 관계는 자라고 깊어진다. 고독 속에서 우리는 물리적으로 함께 있을 때에는 불가능하거나 어려운 방식을 통해 오히려 서로를 발견하게 된다.

공동체로서 우리는 기도로 하나님을 나타내는 손과도 같다. 그것이 공동생활의 가장 깊은 실체이다. 그 실체를 고독 속에서 확인하기 때문에 고독과 공동체는 불가분의 관계다. 공동생활 자체가 무엇보다 기도의 몸짓이라 말해도 과언이 아니다. 세상의 폭풍을 이겨내기 위해 서로에게 매달리는 사람들은 공동체를 이루는 것이 아니다. 불안에 휩싸인 인간가족 한가운데서 함께 살아있는 기도의 손을 올릴 때 우리는 진정 공동체를 이루는 것이다.

이 모두가 말해 주는 사실이 있다. 고독의 삶은 믿음의 삶이라는 것이다. 자신을 인정하는 많은 행동들을 수시로 뒤로한 채 하나님의 임재 안에 '무익한' 자가 됨으로써 우리는 내면의 두려움과 불안을 뛰어넘어 하나님을 하나님으로 인정하게 된다. 우리의 힘과 안전은 그분의 사랑 안에 있다.

성령

기도란 우리가 하는 것이 아니라,
우리 안에서 성령께서 하시는 것이다.
「긍휼」

성령에 대해 말할 때 우리는
우리 안에서 숨쉬는 하나님의 호흡에 대해 말하는 것이다.
「영혼의 양식」

성령 안에 사는 삶

영적인 삶이란 성령 안에 사는 삶, 더 정확히 말해 우리 안에 사시는 성령의 삶이다. 그 영적인 삶에 힘입어 우리는 새 시간을 새 마음으로 살 수 있다. 일단 그것을 이해하면 기도의 의미가 분명해진다. 기도란 우리 안에 사시는 성령의 삶의 표출이다. 기도란 우리가 하는 것이 아니라 우리 안에서 성령께서 하시는 것이다. 바울은 고린도 교인들에게 "성령으로 아니하고는 누구든지 예수를 주시라 할 수 없느니라"라고 말했다(고전 12:3). 로마 교인들에게는 이렇게 말한다. "성령님도 우리의 연약함을 도와주십니다. 우리가 어떻게 기도해야 될지 모를 때 성령님이 말할 수 없는 탄식으로 우리를 위해 기도해 주십니다. 사람의 마음을 살피시는 하나님은 성령님의 생각을 아십니다. 이것은 성령께서 하나님의 뜻을 따라 성도들을 위해 기도하시기 때문입니다"(롬 8:26-27, 현대인의 성경).

하나님의 언약

하나님은 우리와 언약을 맺으셨다. '언약'이라는 말은 '함께 간다'는 뜻이다. 하나님은 우리와 함께 가기 원하신다. 히브리 성경의 많은 기사에서 우리는, 우리를 적에게서 지키시고 위험에서 보호하시며 자유의 길로 인도하시는 하나님을 본다. 하나님은 우리를 위한 하나님이시다. 예수님이 오시면서 언약의 새로운 차원이 계시된다. 예수님 안에서 하나님은 우리처럼 생로병사를 겪으신다. 하나님은 우리와 함께하시는 하나님이시다. 끝으로, 예수님은 떠나실 때 성령을 약속하신다. 성령 안에서 하나님은 언약의 깊이를 끝까지 보여주신다. 하나님은 우리의 호흡만큼이나 우리와 가까워지기 원하신다. 하나님은 우리 안에서 숨쉬기 원하신다. 우리가 말하고 생각하고 행하는 모든 것들이 완전히 하나님의 영감으로 되게 하시기 위함이다. 하나님은 **우리 안에 계시는** 하나님이시다. 이렇듯 하나님의 언약은, 우리에게 하나님이 우리를 얼마나 사랑하시는지 보여준다.

우리 안에 계시는 하나님의 호흡
성령에 대해 말할 때 우리는 우리 안에서 숨쉬는 하나님의 호흡에 대해 말하는 것이다. '영'이라는 헬라어 단어 '프뉴마 pneuma'는 본래 '호흡'이라는 뜻이다. 호흡이란 평소에는 잘 느껴지지 않는다. 호흡은 생명과 직결되는 것이라서 문제가 생길 때에만 의식하게 된다.

하나님의 영은 우리의 호흡과 같다. 하나님의 영은 우리 자신보다도 우리와 더 가깝다. 우리는 종종 못 느낄지 모르지만, 성령이 없이는 우리는 '영적인 삶'을 살 수 없다. 우리 안에서 기도하시며 우리에게 사랑과 용서와 자비와 선함과 온유와 평안과 기쁨의 선물을 주시는 분은 하나님의 성령이시다. 우리에게 죽음이 이길 수 없는 생명을 주시는 분도 성령이시다.

선물을 받으라는 초청이야말로 복음서의 도전이다. 그것은 우리가 무엇으로도 절대 갚을 수 없는 선물이다. 다름 아닌 하나님의 생명의 호흡, 곧 예수 그리스도를 통해 우리에게 부어 주신 성령이 바로 그 선물인 까닭이다. 이 생명의 호흡이 우리를 두려움에서 벗어나게 하고 새로운 삶의 공간을 열어 준다. 기도의 삶을 사는 이들은 언제나 하나님의 호흡을 받아들여 자신의 삶을 새롭게 넓혀 갈 준비가 되어 있다. 반면에 기도하지 않는 이들은 천식에 걸린 아이들 같다. 늘 숨이 차 온 세상이 좁게 오그라든다. 그들은 구석에 기어들어 숨을 헐떡이며 심한 고통에 시달린다. 그러나 기도하는 이들은 자신을 하나님께 열어드려 다시 한번 마음껏 호흡할 수 있다.

하나님을 "아빠"라 부르는 특권

하나님을 "아빠, 아버지"라 부르는 것은 하나님의 명칭을 친근감 있게 바꾸자는 것이 아니다. 하나님을 "아빠"라 부른다는 것은, 우리도 하나님과 더불어 예수님이 누리신 것과 똑같은 관계를 누린다는 뜻이다. 이 관계를 성령이라 한다. 예수님이 그 성령을 우리에게 주신다. 이 성령에 힘입어 이제 우리도 성령과 함께 "아빠, 아버지"라 부를 수 있게 되었다.

하나님을 "아빠, 아버지"라 부르는 것은(롬 8:15, 갈 4:6 참조) 심령의 부르짖음이요, 우리 존재의 가장 깊은 곳에서 우러나는 기도다. 그것은 단순히 하나님의 명칭의 문제가 아니라 어디까지나 하나님을 우리 존재의 근원으로 주장한다는 의미다. 이 주장은 갑작스런 깨달음이나 학습된 확신에서 오는 것이 아니다. 그것은 예수의 영이 우리의 영과 더불어 증거하시는 주장이요 사랑의 주장이다.

영적 삶의 창

정서적 삶과 영적 삶은 엄연히 구별되지만 그럼에도 둘은 서로 깊은 영향을 미친다. 감정은 우리의 신앙 여정에 창이 될 때가 많다. 질투를 떨칠 수 없다면, 우리 안에서 "아빠"라 부르짖는 성령과의 관계에 문제가 있을 수 있다. 삶의 '중심이 잡힌' 것 같고 깊은 평안이 느껴진다면, 자신이 사랑받는 자라는 깊은 인식의 징표로 볼 수 있다.

마찬가지로, 기도생활—우리 안에 계시는 성령의 임재에 대한 충실한 반응으로 나오는—도 우리 정서와 기분과 감정을 보여주는 창이 될 수 있다. 하나님의 마음을 향한 기나긴 여정에 감정을 유용하게 활용할 수 있는 방법의 실마리를 우리는 기도를 통해 얻을 수 있다.

하나님 안이 곧 우리 집

하나님께 대한 우리의 소속의 깊이는 예수님을 통해 계시된다. 성령을 통한 예수님과 하나님의 관계는 완전 개방의 관계다. 예수님의 모든 소유는 아버지의 선물이다. 그분은 그 무엇도 하나님과 떼어 자신의 것으로 주장하시는 일이 절대 없다. 그분은 우리가 아버지로 더불어 자신이 누리신 관계와 동일한 관계를 누리며 자신이 하신 일을 모두 하도록 부름받았다고 말씀하신다. 우리에게 성령을 보내실 때 그분은 우리가 하나님과 온전하고 친밀한 관계에 들어서게 될 것이라 말씀하셨다. 세상의 영의 피해자가 될 필요가 없도록 말이다.

영적으로 우리는 하나님 **안**에 있고 주님 **안**에 있다. 하나님 안이 곧 **우리** 집이다. 우리의 참 정체는 하나님의 자녀이다. 그 시각—하나님의 시각—으로 우리는 세상을 본다. 하나님이 보시는 대로 세상을 보는 것이 우리의 소명이다. 신학이란 바로 그것을 말한다. 그러므로 우리는 이 시각을 벗어나는 모든 착각의 요소를 끊임없이 진단하며 살아간다.

모든 것을 품는 공간

이제 나는 내가 기도하는 것이 아니라 내 안에서 성령께서 기도하신다는 것을 안다. 사실 하나님의 영광이 내 안에 거할 때면, 그 영광이 품고 만짐으로 새롭게 할 수 없을 만큼 너무 멀거나 너무 고통스럽거나 너무 이상하거나 너무 익숙한 문제는 하나도 없다. 내 안에서 하나님의 영광을 느끼며 그 영광이 드러날 자리를 내어 줄 때마다 나는 인간의 모든 문제를 그곳으로 가져갈 수 있다. 그렇게만 되면 어떤 일도 달라지지 않을 수 없다. 물론 하나님은 내 기도를 들으신다. 나는 간혹 그 사실을 피부로 느낀다. 하나님은 내 안에서 기도하시며 지금 여기서 사랑으로 온 세계를 만지신다. 그런 순간이면 '기도의 사회적 타당성 따위'의 모든 문제는 김이 **빠져** 극히 무의미해 보인다. 수사들의 침묵기도야말로 이 세상을 제정신으로 붙들어주는 몇 안되는 요인 중 하나다.

친밀한 기도는 온 세상을 품는다

많은 사람들이 기도를 타인과 분리된 행위로 보는 경향이 있으나 진정한 기도는 우리를 동료 인간들과 더 가까워지게 한다. 기도는 긍휼의 훈련에 으뜸이자 반드시 필요한 것이다. 기도야말로 인간 일체감의 으뜸가는 표현인 까닭이다. 왜 그럴까? 우리 안에서 기도하시는 성령이, 곧 모든 인간을 연합하게 하고 공동체로 묶으시는 성령이시기 때문이다. 성령은 사회적·정치적·경제적·인종적·윤리적 배경이 제각기 다른 사람들을 동일한 그리스도의 형제자매요 동일한 아버지의 아들딸로 하나로 묶으신다. 평화와 연합과 화해의 영이신 성령은 끊임없이 우리에게 자신을 그런 능력으로 계시하신다.

영적 낭만주의나 경건한 감상주의에 빠져들지 않기 위해 우리는 성령의 긍휼의 임재에 각별히 주목해야 한다. 기도의 친밀함은 성령께서 가꾸시는 친밀함이며, 새 마음과 새 삶을 가져다주시는 그분은 우리의 동료 인간들을 배제하는 것이 아니라 오히려 끌어들이신다. 친밀한 기도중에 계시되는 하나님은 인간가족의 모든 일원을 우리를 사랑하시듯 똑같이 인격적·개별적으로 사랑하시는 분이다. 그러므로 하나님과 친밀해질수록 다른 사람들을 향한 책임감도 깊어진다. 아픔과 고통에 눌린 온 세상을 우리 심령의 거룩한 불 주위로 불러서 그중 원하는 이들에게 새로운 활력의 열기를 나눠 주고 싶은 열망이 갈수록 커지는 것이다.

영혼의 거듭남

예수님이 니고데모에게 말씀하신 영적 거듭남을 어떻게 설명할 수 있을까? 충분한 설명은 불가능하다. 거듭남이란 인간의 지적·정서적 이해를 초월하는 것이기 때문이다…….

그러나 영적 거듭남에 대해 우리가 말할 수 있는 것이 있다. 성령 안에서 거듭난 자들에게는 일편단심이라는 특징이 나타난다. 그들의 열망은 하나뿐이다. 범사에 하나님의 뜻을 행하는 것이다. 예수님이 니고데모에게 하신 말씀대로 '진리를 좇는' 것, '빛으로 오는' 것으로 표현할 수도 있다. "그 행위가 하나님 안에서 행한 것임을 나타내려 함"이다(요 3:21). 이들은 하나님의 사랑에 온전히 사로잡혀 있어서, 나머지 모든 것은 그 사랑의 문맥 안에서만 의미와 목적을 찾을 수 있다. 그들의 질문은 하나뿐이다. "어떻게 하면 성령을 기쁘시게 할 수 있을까?" 성령의 음성을 듣는 순간 그들은 즉각 그 인도에 순종한다. 설사 친구들이 못마땅해 하고 환경이 어렵게 되고 자신을 좋아하는 이들이 고개를 갸우뚱한다 해도 상관없다. 그들은 "세상을 심판하려 하심이 아니요 저로 말미암아 세상이 구원을 받게"(요 3:17) 하시려고 보냄받은 하나님의 아들 예수님을 서슴없이 믿는다. 그들의 믿음은 뿌리가 깊어 두려움이 없다. 다른 사람들의 의견에 대해서만 아니라 하나님의 판단에 대해서도 두려움이 없다. 거듭남을 통해 빛으로 왔기 때문이다…….

동시에 영적으로 거듭난 자들은 언제나 사람들을 공동체 안으로 불러들인다. 하나님의 영이 모든 신자들을 한몸으로 모으시기 때문이다. 성령이 이루시는 공동체는 회원의 권익을 옹호하거나 세상과 안전거리를 유지하기 위한 피난처가 아니다. 성령의 공동체는 무엇보다도 모든 사람이 "하나님의 인격, 더 정확히 말해 삼위일체의 인격—성령 그리고 성령을 통해 예수님과 아버지—앞에 온전히 나아가는 성소다."[1]

내면의 믿음을 키우는 길

위로부터 거듭나기 위해 우리가 할 수 있는 일이 있을까? 아니면 전적으로 성령의 주도권에 달린 일이라서 우리는 그저 기다리는 일 외에 다른 방도가 없을까? 4복음서에 나온 해답에 따르면, 성령을 받는 데는 예수님과 그분을 보내신 분을 믿는 능동적 믿음이 반드시 필요하다. 거듭남은 전적으로 성령의 선물이지만 그럼에도 불구하고 우리의 역할이 엄연히 존재한다.…… 믿음이란 우리에게 위로부터 성령을 약속하신 하나님을 능동적으로 신뢰하는 것이다.

 내면의 그 믿음을 키워 갈 길이 있을까? 그렇다. 길이 있다. 가난의 길이다. 십자가를 향해 걸어가신 예수님이 친히 우리에게 보여주신 길이다. 예수님은 성공과 권력과 위세와 명예의 길을 한사코 거부하신다. 그분은 언제나 연약함, 무력함, 궁휼, 잊혀짐의 길을 택하신다. 가난한 자들의 길이다…….

 그러므로 부 대신 가난, 권력 대신 무력함, 인기 대신 겸손한 섬김, 요란한 박수 대신 조용한 충성을 택할 때마다 우리는 성령 안에서 자신의 거듭남을 준비하는 것이다. 칙칙하고 부자연스럽고 심지어 불가능해 보일지 모른다. 그러나 일단 믿음의 여정에 발을 디디면 강요나 억지가 전혀 없이 가난한 자들의 길에 눈이 뜨일 것이다. 무엇보다 우리 자신의 가난, 두려움, 회의, 무력함, 연약함을 발견할 것이다. 믿음 안에서 우리는 더 이상 그런 것들을 무시하거나 회피하지 않고 오히려 그것을 예수께서 우리와 동행하시며 우리에게 성령을 보내 주실 장으로 끌어안게 된다. 나아가 우리는 주변에서 물질적·정서적·영적으로 가난한 자들을 밝히 보며, 그들이 아무도 못하는 방식으로 우리에게 하나님의 임재를 계시해 준다는 사실을 깨닫게 된다. 우리는 그들에게 마음이 끌릴 것이다. 그들의 가난 때문이 아니라 그들의 가난을 통해 빛을 발하시는 성령님 때문이다.

이렇듯 나의 가난 속에 사시는 성령이 가난한 이들 중에 거하시는 성령께 말씀하실 것이다. 나의 가난한 마음은 주변 사람들의 가난한 마음에 말할 것이다. 거기서 새로운 영적 공동체가 생겨난다. 세상에 위세를 떨치는 호화롭고 거창한 모임이 아니라, 반대로 급변하는 세상의 눈에 여간해서 띄지 않는 작고 낮은 숨은 모임이다. 세상 한복판에서 세상에 보이지 않게 아주 새롭고 아주 부드럽고 아주 유약한 것이 태어날 수 있다. 우리 내면과 주변에서 그런 새 생명이 태어날 때, 설사 온전히 표현할 말을 모를지라도 우리는 그것을 알아볼 수 있다. 그것은 위로부터 오신 영인 성령의 사역이다. 그것은 인간이 받을 수 있는 가장 위대한 선물이다. 우리는 그 선물을 부드럽게 품고 조심스레 간수하며, 완전한 성숙에 이르도록 인내로 키워야 한다.

사랑받는 자녀

기도란 그 음성,
나를 "사랑하는 자"라 부르시는 분의 음성을 듣는 것이다.
「이별의 말」

기도란 우리가 사랑할 수 없을 때
이미 우리를 사랑하신 그분과 교제를 나누는 것이다.
기도중에 우리에게 계시되는 것은
바로 "먼저 사랑하신"(요일 4:19) 그 사랑이다.
「평화에 이르는 길」

"내 사랑하는 아들이요"

예수님의 공생애의 핵심적 순간은 요단 강에서 세례 받으시며 "이는 내 사랑하는 아들이요 내 기뻐하는 자라"는 인정의 말씀을 들으시던 때였다고 나는 굳게 믿는다. 그것이 예수님의 핵심적 체험이다. 그분은 자신의 참 존재를 깊고 깊은 방식으로 일깨움 받으신다. 광야의 시험은 그분에게서 그 영적 정체를 앗아가려는 유혹이다. 자신을 다른 존재로 믿으라는 유혹이다. "너는 돌들을 떡덩이로 바꿀 수 있는 자다. 성전에서 뛰어내릴 수 있는 자다. 다른 사람들로 네 권세에 절하게 만들 수 있는 자다." 그러나 예수님은 "아니다. 아니다. 아니다. 나는 하나님의 사랑받는 자다"라고 말씀하셨다. 그분의 전 생애는 범사의 한복판에서 끊임없이 이 정체를 주장하고 있다고 나는 믿는다. 그분은 칭찬받으실 때도 있었고 멸시 받거나 거부당할 때도 있었지만 늘 이렇게 말씀하신다. "다른 사람들은 나를 버리겠지만 내 아버지는 나를 혼자 버려두시지 않는다. 나는 하나님의 사랑받는 아들이다. 나는 그 정체 속에서 발견된 희망이다."

그렇다면 기도란 그 음성, 나를 "사랑하는 자"라 부르시는 분의 음성을 듣는 것이다. 기도는 끊임없이 우리의 참 존재의 실상으로 돌아가 그것을 주장하는 것이다. 내가 하는 일이 있으나 그것은 내가 아니다. 사람들이 나에 대해 하는 말이 있으나 그것도 내가 아니다. 내 소유도 내가 아니다. 성공이 잘못된 것이 아니고 인기가 잘못된 것이 아니고 권세가 잘못된 것이 아닐지라도 궁극적으로 내 영적 정체의 뿌리는 세상에 있지 않다. 세상이 내게 주는 것들에 있지 않다. 내 인생의 뿌리는 내 영적 정체에 있다. 무슨 일을 하든 우리는 꾸준히 그 핵심 정체의 자리로 돌아가야 한다.

하나님의 무조건적 사랑

하나님의 사랑을 어떻게 말할 수 있을까? 하나님의 사랑은 무조건적 사랑이라 말할 수 있다. 하나님은 "만일…… 하면 너를 사랑하겠다"고 말씀하시지 않는다. 하나님의 마음에는 '만일'이 없다. 우리를 향하신 하나님의 사랑은 우리의 행동이나 말, 외모나 지성, 성공이나 인기에 달려 있지 않다. 우리를 향하신 하나님의 사랑은 우리가 태어나기 전부터 존재했고 우리가 죽은 후에도 존재할 것이다. 하나님의 사랑은 영원부터 영원에 이르며, 시간적 사건이나 상황에 전혀 얽매이지 않는다. 그렇다고 하나님이 우리의 말이나 행동에 무관심하신 것일까? 아니다. 하나님이 무관심하시다면 하나님의 사랑은 사실일 수 없다. 조건 없이 사랑한다는 것은 관심 없이 사랑한다는 뜻이 아니다. 하나님은 우리와 관계 맺기 원하시며 우리가 바른 반응으로 당신을 사랑하기 원하신다.

우리는 흔히 무조건적 사랑과 무조건적 승인을 혼동한다. 하나님은 우리를 조건 없이 사랑하시지만 인간의 모든 행동을 승인하시는 것은 아니다. 하나님은 배반, 폭력, 증오, 의심, 기타 모든 악의 표출을 승인하시지 않는다. 그것들은 모두 하나님이 인간의 마음에 심어 주려 하시는 사랑에 위배되기 때문이다. 악이란 하나님의 사랑이 없는 상태다. 악은 하나님께 속한 것이 아니다.

하나님의 무조건적 사랑이란 우리가 악한 말이나 악한 생각을 할지라도 하나님이 여전히 우리를 사랑하신다는 뜻이다. 사랑하는 부모가 집 나간 자식이 돌아오기를 기다리는 것처럼 하나님은 계속 우리를 기다리신다. 우리가 하나님을 마음 아프게 하는 일을 할지라도 그분은 우리에 대한 사랑을 결코 포기하시지 않는다. 우리로서는 그 진리를 붙드는 것이 중요하다. 하나님의 변치 않는 사랑으로 돌아가는 데 그 진리가 도움이 된다.

하나님의 사랑 안에 머물기

자신의 소유와 생각과 감정과 존재를 다해 "하나님이 계시다"라고 말하는 것이야말로 인간이 할 수 있는 말 중 가장 세상을 뒤흔드는 말이다.…… 하나님이 계실진대 다른 모든 **존재하는** 것들은 하나님께로서 나오기 때문이다.…… 그러나 "하나님이 계시다"라고 말하는 순간 내 존재는 더 이상 중심을 차지할 수 없다. 내 존재는 철저히 하나님의 존재에서 비롯된 것이기 때문이다. 하나님을 알면 본질상 그것을 깨달을 수밖에 없다. 그것이 진정한 변화의 체험이다. 내 존재는 더 이상 중심이 될 수 없다. 하나님의 존재는 내 존재에서 파생되거나 투사되거나 연역되거나 직관되지 않는다. 내 존재는 어디까지나 하나님을 아는 지식을 통해, 그 지식 안에서 내게 계시된다. 우리는 그것을 갑자기 깨달을 수도 있고 서서히 깨달을 수도 있다. 그때 비로소 실감나게 다가오는 사실이 있다. 내가 자신과 이웃을 사랑할 수 있는 것은 오직 하나님이 먼저 나를 사랑하셨기 때문이라는 사실이다.

인생을 바꿔 놓는 체험이란, 내 존재의 생활방식을 내가 결정할 수 있다는 자아 발견에 있는 것이 아니라 내 존재 자체가 중심일 수 없다는 정답에 있다. 일단 하나님을 '알게' 되면, 즉 인간으로서 내 모든 체험의 뿌리가 하나님의 사랑에 있다는 것을 체험하고 나면, 내가 바랄 수 있는 것은 한 가지뿐이다. 바로 그 사랑 안에 머무는 것이다. 그 밖의 다른 곳에 '머무는' 것은 한낱 환상이며 결국 죽음에 이르는 길이다.

예수님의 사랑에 안전하게 안긴 우리

우리의 소명이 세상에서 하나님의 사랑의 증인이 되는 것임을 분명히 깨달을수록, 그 소명을 실천하려는 결단이 굳어질수록, 적의 공격도 그만큼 드세질 것이다. 이런 음성이 들려올 것이다. "너는 드러낼 만한 것이 하나도 없는 쓸모 없는 인간이야. 매력 없고 볼품없고 사랑할 구석이 전혀 없는 존재야." 하나님의 소명을 깊이 느낄수록 자신의 영혼 안에서 벌어지는 하나님과 사탄 사이의 우주적 전쟁에 더 눈뜨게 된다. 두려워하지 말라. 하나님의 사랑만으로 내게 충분하며 내가 그분의 안전한 손안에 있고 여정의 걸음걸음마다 그분이 인도해 주신다는 확신을 더욱 굳게 하라. 마귀의 공격에 놀라지 말라. 공격은 갈수록 세질 것이다. 그러나 두려움 없이 공격에 맞서 보면 사실은 적이 무력자임을 알게 된다……

예수님을 사랑할수록 우리의 소명은 더욱 선명해진다. 우리를 소명에서 멀어지게 하려는 많은 공격도 마찬가지다. 하나님의 사랑을 전하려는 소명이 깊어질수록 마음속에 그 사랑을 더욱 깊이 새길 필요가 있다. 외부의 여정이 멀어질수록 내부의 여정은 깊어져야 한다. 뿌리가 깊을 때에만 열매가 풍성할 수 있다. 적은 있다. 우리를 멸하려 기다리고 있다. 그러나 자신이 예수님의 사랑에 안전하게 안겨 있음을 알 때 우리는 두려움 없이 적에 맞설 수 있다.

하나님을 알고 자신을 알기

예수님은 우리 마음의 은밀한 곳에서 우리를 만나 거기서 당신의 사랑을 우리에게 보이기 원하신다. 우리를 두려움에서 해방시키며 우리의 가장 깊은 자아를 알게 하기 원하신다. 이것이 영적인 삶의 신비다. 그러므로 마음의 은밀한 곳에서 우리는 예수님을 알 뿐 아니라 또한 자신을 알 수 있다. 이것을 좀 더 묵상해 보면 하나님의 사랑을 깨닫는 것과 우리 자신을 점점 알아가는 것 사이의 상관관계를 볼 수 있다. 하나님의 사랑이 마음속에 더 깊이 들어오게 할 때마다 우리는 불안을 조금씩 떨치게 된다. 그리고 불안이 조금씩 사라질 때마다 우리 자신을 더 알게 되며, 사랑의 하나님께 알려지고 싶은 마음도 더 간절해진다.

이렇듯 하나님을 사랑하는 법을 배울수록 우리 자신을 알고 소중히 여기는 법을 배우는 것이다. 자신을 알고 사랑하는 것은 하나님을 알고 사랑하는 것의 열매다. 이제 우리는 "네 마음을 다하고 목숨을 다하고 뜻을 다하여 주 너의 하나님을 사랑하라.…… 네 이웃을 네 몸과 같이 사랑하라" 하신 지상至上 계명의 의미를 더 깊이 알 수 있다. 우리 마음을 하나님께 온전히 열어 놓을 때 자신을 사랑하게 되며, 그렇게 자신을 사랑할 때 동료 인간을 전심으로 사랑할 수 있다. 마음의 은밀한 곳에서 우리는 하나님의 숨어 있는 임재를 배우며, 그 영적 지식을 통해 비로소 사랑의 삶을 살 수 있다.

"먼저 사랑하신" 그 사랑의 체험

기도란 우리가 사랑할 수 없을 때 이미 우리를 사랑하신 그분과 교제를 나누는 것이다. 기도중에 우리에게 계시되는 것은 바로 "먼저 사랑하신"(요일 4:19) 그 사랑이다. 하나님의 집―그 집의 언어는 기도다―에 깊이 들어갈수록 우리는 주변 사람들의 비난이나 칭찬에 덜 연연하게 되며, 거리낌없이 자신의 전 존재를 그분의 먼저 주신 사랑으로 가득 채우게 된다. 남들이 나를 어떻게 생각하고 어떻게 말할지 여전히 의식하며 긍정적 반응을 얻어 내는 쪽으로 행동하려 하는 한, 우리는 아직도 우리가 살아가는 어두운 세상의 옥에 갇힌 피해자다. 그 어두운 세상에서 우리의 가치는 주위 사람들에 의해 결정된다.…… 그 세상의 수중에 사로잡혀 있는 한, 우리는 어둠 속에 사는 것이다. 자신의 참 자아를 모르기 때문이다. 우리는 자신이 그토록 갈망하는 사랑을 더 많은 성공과 칭찬과 만족을 통해 얻을 수 있을지 모른다는 희망 속에 자신의 거짓 자아에 매달리게 된다. 그것이야말로 원한과 탐욕과 폭력과 전쟁을 낳는 옥토이다.

그러나 기도할 때 우리는, 내가 찾는 사랑이 이미 내게 주어졌으며 언제라도 그 사랑을 체험할 수 있음을 거듭 깨닫는다. 기도란 어머니의 태에서부터 오직 사랑으로 우리를 빚으신 그분과 교제에 들어서는 것이다. 그분의 먼저 베푸신 사랑 속에 우리의 참 자아가 들어 있다. 그것은 주변 사람들의 거부와 수용으로 얼룩진 자아가 아니라 우리를 존재케 하신 분 안에 견고히 뿌리내린 자아다. 우리는 하나님의 집에서 지음받았다. 그리고 그 집으로 돌아오도록 부름받았다. 기도란 돌아가는 행위이다.

첫사랑으로 돌아가기

사흘 동안 탕자의 이야기를 묵상했다. 귀환에 대한 이야기다. 나는 돌아가는 일의 중요성을 거듭 깨닫는다. 내 삶은 하나님을 벗어난다. 돌아가야 한다. 내 마음은 첫사랑에서 멀어진다. 돌아가야 한다. 내 생각은 이상한 장면으로 떠돈다. 돌아가야 한다. 귀환은 평생의 작업이다.

마음에 와닿는 부분이 있다. 집 나간 아들이 돌아온 동기는 다분히 이기적인 것이었다. 그의 생각은 이랬다. "내 아버지에게는 양식이 풍족한 품꾼이 얼마나 많은고. 나는 여기서 주려 죽는구나. 내가 일어나 내 아버지께 가리라." 아버지에 대한 사랑이 회복되어 집에 돌아간 것이 아니다. 그는 단순히 먹고 살기 위해 돌아갔다. 자신이 택했던 길이 죽음에 이르는 길임을 그는 깨달았다. 목숨을 부지하려면 아버지한테 돌아가는 길밖에 없었다. 탕자는 자신의 죄를 깨달았으나 그 깨달음도 죄의 결과로 죽음을 목전에 두고야 찾아온 것이었다.

아버지가 그 이상의 고상한 동기를 요구하지 않았다는 사실이 내게 감동을 준다. 아버지는 집에 온 아들을 단순히 맞아들였다. 그만큼 그의 사랑은 온전하고 조건 없는 것이었다.

그 생각이 내게 큰 위로가 된다. 하나님은 우리를 끌어안기 전에 순결한 마음을 요구하시지 않는다. 우리가 욕심대로 살았으나 행복을 얻지 못해 그 이유만으로 돌아온다 해도 하나님은 우리를 받아주신다. 기독교 신자가 되는 것이 종교 없이 사는 것보다 마음이 편안하기 때문에 돌아온다 해도 하나님은 우리를 받아주신다. 죄의 결과가 생각보다 만족스럽지 못해 돌아온다 해도 하나님은 우리를 받아주신다. 혼자 힘으로 살 수 없어 돌아온다 해도 하나님은 우리를 받아주신다. 하나님의 사랑은 귀환의 이유에 대해 아무런 설명도 요구하시지 않는다. 하나님은 우리가 집에 온 것만으로 기뻐하신다. 집에 왔다는 이유만으로 우리의 모든 소원을 들어주기 원하신다.

질투하시는 사랑

하나님께 돌아간다는 것은 내 모든 존재와 소유로 하나님께 돌아간다는 뜻이다. 내 존재의 절반만으로는 하나님께 돌아갈 수 없다. 오늘 아침 탕자의 이야기를 다시 묵상하며 아버지의 품을 체험하려 하다가 퍼뜩 깨달은 것이 있다. 내 안에는 완전한 포옹을 꺼리는 저항이 도사리고 있다. 포옹을 원하는 마음도 있지만 한편으로 내 독립을 잃을지 모른다는 두려움도 있다. 하나님의 사랑이 질투하는 사랑임을 깨닫는다. 하나님은 내 일부만이 아니라 내 전부를 원하신다. 하나님 아버지의 사랑에 자신을 온전히 드릴 때에만 나는 끝없는 소요에서 벗어날 것을 기대할 수 있고, 사랑의 음성을 들을 준비가 된 것이며, 나 자신의 독특한 소명을 인식할 수 있다.

그것은 머나먼 길이다. 기도할 때마다 나는 그 싸움을 느낀다. 그것은 하나님을 내 전 존재의 하나님 되시게 하는 싸움이다. 진정한 자유란 하나님의 사랑에 대한 절대적 헌신 속에 숨어 있다는 사실을 믿는 싸움이다.

예수님을 따르는 것은 그 싸움에 들어가 참 자유를 얻는 길이다. 그 길은 십자가의 길이며, 참 자유는 죽음을 이기고 얻는 자유다. 예수님은 아버지께 전적으로 순종하여 십자가에 이르셨다. 그리고 십자가를 통해 더 이상 세상의 경쟁에 종속되지 않는 생명에 이르셨다. 예수님은 아무것도 붙드실 것이 없었다. 가슴 벅찬 종교 체험도 아니었다. "나의 하나님, 나의 하나님, 어찌하여 나를 버리셨나이까?" 하신 예수님의 말에 아버지께 대한 그분의 완전한 복종이 숨어 있다. 그분이 매달릴 것은 아무 데도 없었다. 이 철저한 복종 속에서 그분은 온전한 연합과 온전한 자유를 얻으셨다.

예수님은 내게 말씀하신다. "내게 와 나를 따르라.…… 내가 온 것은 네가 생명을 얻고 더 풍성히 얻게 하려는 것이다"(요 10:10).

축복 아래 사는 삶

하나님의 사랑받는 자녀들의 위대한 영적 소명은 저주의 그늘 속에서 상처를 끄집어내 축복의 빛 아래 두는 것이다. 말처럼 쉽지 않은 일이다. 우리를 둘러싼 어둠의 세력은 강하다. 이 세상은 자아를 받아들이는 이들보다 자아를 거부하는 이들을 더 조종하기 쉬운 곳이다. 그러나 우리의 상처는 내가 무가치한 자라는 두려움의 확증이 아니라 내게 머무는 축복을 정화하고 심화할 수 있는 기회다. 나를 "사랑하는 자"라 부르시는 음성에 계속 귀기울일 때 상처를 그런 기회로 살리는 것이 가능해진다.

축복 아래 살 때의 신체적·정신적·정서적 아픔은 저주 아래 살 때의 신체적·정신적·정서적 아픔과는 극과 극으로 다르게 느껴진다. 자신의 무가치성의 증거로 받아들일 때는 아무리 작은 짐 하나도 우리를 깊은 우울에 빠뜨릴 수 있다. 자살로 몰아갈 수도 있다. 그러나 축복의 빛 가운데 살 때는 크고 무거운 짐도 가볍고 쉬워진다. 감당 못할 것만 같던 일이 도전으로 변한다. 우울의 구실 같던 일이 정화의 기회로 바뀐다. 형벌 같던 일이 자상한 가지치기로 변한다. 거부 같던 일이 더 깊은 연합에 이르는 길이 된다.

사랑의 집에 들어감

예수님은 복음서에서 아주 강한 어조로 말씀하신다. 복음서 도처에서 우리는 이 말씀을 듣는다. "두려워 말라." 가브리엘이 사가랴에 한 말이다. 가브리엘이 마리아에게 한 말이다. 천사들이 무덤 앞의 여인들에게 한 말이다. "두려워 말라." 제자들에게 나타나셨을 때…… 주님께서 하신 말씀이기도 하다. "**두려워 말라. 나다. 두려워 말라. 나다.** 두려움은 하나님께로서 온 것이 아니다. 나는 사랑의 하나님이다. 너희를 불러 가난한 자들의 기쁨과 평안과 감사의 선물을 받게 하고 두려움을 떨치게 하는 하나님이다. 이제 너희는 그토록 두려워 떨치지 못하던 것들을 이웃과 함께 나눌 수 있다."

그리스도의 초청은 두려움의 집에서 나와 사랑의 집으로 들어오라는 초청이다. 그 감옥 같은 곳에서 벗어나 자유의 자리로 오라는 부름이다. 예수님은 말씀하신다. "내게 오라. 내 집으로 오라. 내 집은 사랑의 집이다." 신구약 전체에서 그 초청을 볼 수 있다. "오, 내 영혼이 여호와의 집에 거하기를 얼마나 사모하는가. 주는 나의 피난처, 주는 나의 거할 곳, 주는 나의 장막, 주는 나의 안전이시라." 제자들이 "주여, 어디에 머물고 계십니까?" 하고 여쭙자 주님은 "와 보라"고 하셨다. 그리고 그들은 그분과 함께 머물렀다. 말씀이 육신이 되어 우리 가운데 장막을 쳤다. 하나님이 사랑의 집에서 우리 가운데 거하시기 위함이다. "내가 너희 집, 너희가 있을 곳을 마련하러 아버지께 간다. 내 아버지 집에는 너희가 있을 곳이 많다. 내가 너희 안을 내 집으로 삼은 것처럼 너희도 내 안을 너희 집으로 삼아라. 주의 이름 안에 거하여라. 그곳이 너희가 거할 곳의 이름이다. 너희는 어디 있느냐? 내 이름 안에 있느냐? 사랑의 집 안에 있느냐?"

하나님의 사랑에 대한 응답

하나님은 "내가 영원한 사랑으로 너희를 사랑한다"고 말씀하신다. 예수님은 그것을 말해 주러 우리에게 오셨다. 세례 받으실 때 예수님은 이런 음성을 들으셨다. "이는 내 사랑하는 아들이요 내 기뻐하는 자라." 예수님은 우리도 이 중요한 말을 듣기 원하신다. 우리는 사랑받는 자다. 우리가 무슨 일을 했거나 자신을 입증했기 때문이 아니다. 근본적으로 하나님은 우리의 행위와 무관하게 우리를 사랑하신다. 그것이 사실일진대 우리가 짧은 세월 이 땅에 보냄받은 것은 삶 속에서 이렇게 응답하게 하기 위함이다. "예, 하나님. 저도 하나님을 사랑합니다."

하나님이 우리를 돌보시는 것처럼 우리도 세상에서 하나님을 돌보는 것이 아주 중요하다. 어린 아기로 태어나시는 하나님은 누군가 가르쳐 주지 않으면 걷거나 말할 수 없는 분이다. 그것이 예수님의 이야기다. 그분이 자라려면 사람들이 필요하다. 하나님은 말씀하신다. "나는 약해지고 싶다. 네가 나를 사랑할 수 있도록 말이다. 내 사랑에 대한 네 반응을 돕기 위해 내가 약해지는 것보다 더 좋은 길이 있을까? 그래야 네가 나를 돌볼 수 있으니 말이다." 하나님은 비틀거리는 하나님이 된다. 십자가에서 넘어지고 우리를 위해 죽으시며 철저히 사랑이 필요한 분이 된다. 하나님이 그렇게 하시는 것은 우리가 그분께 가까워지게 하기 위해서다. 우리를 사랑하시는 하나님은 약해지는 하나님, 구유와 십자가에서 남에게 의존해야 하는 하나님, 한마디로 "너, 내 곁에 있느냐?" 하고 말씀하시는 하나님이다.

하나님은 우리의 응답을 기다리신다. 아주 신비로운 방식으로 하나님은 우리에게 의존하신다. 그분은 말씀하신다. "나는 약해지고 싶다. 네 사랑이 필요하다. 네가 내 사랑을 인정해 주었으면 좋겠다." 우리의 사랑을 원하시고 우리의 긍정적 반응을 바라신다는 의미에서 하나님은 질투하시는 하나님이다. 그래서 요한복음 마지막에서 예수님은 베드로에게 세 번이나 "네가 나를 사랑하느냐?" 하고 물으신다. 하나님은 우리의 반응을 기다리신다. 인생은 그 반응을 보일 무수한 기회의 연속이다.

예수님은 평생 신실하게 사셨다. 그분은 칭찬받을 때도 있었고 비난받을 때도 있었다. 흠모의 대상이 될 때도 있었고 멸시당할 때도 있었다. 왕이 되어 달라고 부탁받던 순간도 있었고 십자가에 달리신 순간도 있었다. 그러나 그분은 한결같이 그 음성에 충실하셨다. 기도란 바로 그런 것이다…….

예수님은 밤에 기도하러 가셔서 그 음성을 들으시고 자신이 이미 사랑받는 자임을 주장하셨다. 바로 직후에 그분께 다른 목소리가 들려왔다. 마귀는 말했다. "네가 사랑받는 자임을 입증해야 된다. 돌을 떡덩이로 바꿔라. 성전에서 뛰어내려라. 천사들이 받쳐 줄 것이다. 권세와 영향력을 얻어라." 그러나 예수님은 말씀하셨다. "나는 사랑받는 자임을 입증할 필요가 없다. 나는 이미 사랑받는 자다."

우리가 세상의 정의와 평화를 위해 일하며 선의의 활동에 뛰어들 때도 마찬가지다. 우리는 자신이 사랑받을 가치 있는 존재임을 자신이나 타인에게 입증하기 위해 그런 일을 하는 것이 아니다. 오히려 자신이 사랑받는 자임을 너무나 잘 알기에 그런 일을 한다. 진리를 좇아 행하며 불의를 거부하고 정의와 평화의 편에 설 참 자유를 얻었기 때문이다.

일단 자신이 사랑받는 자임을 깊이 인식하면 나의 그런 신분을 인정하는 이들로부터 오는 선물도 더 잘 보인다. 그러므로 성령께서 우리 안에서 일하시지 못하도록 막는 커다란 장애물은 자신을 거부하는 것이다. 우리 안에서 일하시는 성령의 사역에 대한 가장 큰 장애물은 자신을 향해 쓸모 없고 무가치한 존재라고 말하는 것이다.

일단 내가 사랑받는 자임을 알고 내 속에서 그것을 발견하기 시작하면, 그제야 성령은 내 안에서와 다른 이들 안에서 일하실 수 있으며 우리는 놀라운 일을 행할 수 있다. 그러나 "아냐, 하나님은 나를 사랑하지 않아. 나는 누구보다도 못났어"라고 말한다면 나는 예수님이 선포하러 오신 진리를 주장하지 않는 셈이 된다.

첫째 계명과 둘째 계명

예수님의 일차적 관심은 아버지께 순종하며 끊임없이 그분의 임재 안에 사는 것이었다. 사람들과의 관계에서 그분의 사명도 그때에만 분명해졌다. 사도들에게 가르치신 길도 똑같다. "너희가 과실을 많이 맺으면 내 아버지께서 영광을 받으실 것이요 너희가 내 제자가 되리라"(요 15:8). 우리가 끊임없이 상기해야 할 사실이 있다. 마음을 다하고 목숨을 다하고 뜻을 다하여 하나님을 사랑해야 한다는 첫째 계명은 과연 첫째 계명이라는 것이다. 그러나 우리는 정말 그렇게 믿고 있을까? 사실 우리는 마음과 목숨과 뜻을 최대한 동료 인간들에게 내줘야 하는 것처럼 살고 있는 것 같다. 하나님이야 잊어버리지 않을 정도로 만족하면서 말이다. 적어도 우리는 하나님과 이웃에게 관심을 동등하게 분할해야 한다고 생각한다.

그러나 예수님의 주장은 훨씬 근본적이다. 그분은 하나님 한 분께만 전심으로 헌신할 것을 요구하신다. 하나님은 우리 마음의 전부, 우리 뜻의 전부, 우리 목숨의 전부를 원하신다. 이웃을 돌아보는 마음은 하나님께 대한 그 무조건적이고 제약 없는 사랑의 산물이다. 이웃 사랑은 우리의 마음을 하나님께로부터 나뉘게 하거나 하나님께 대한 관심과 경쟁관계에 있는 활동이 아니다. 하나님께 대한 사랑의 표현이 곧 이웃 사랑이다. 하나님은 모든 사람들의 하나님으로 계시된 분이 아니던가. 우리가 이웃을 발견하고 이웃에 대한 자신의 책임을 깨닫는 것은 하나님 안에서다. 하나님 안에서만 이웃이 내 자율의 침해자가 아니라 참 이웃이 되며, 그분 안에서, 그리고 그분을 통해서만 섬김이 가능하다고 말해도 과언이 아니다.

기도는 긍휼이 풍성한 지도자의 조건 정도가 아니라 그 본질이다. 기도를 영적 피로 회복제나 심지어 배터리 충전 수단으로 생각하는 한 우리는 기도를 하나의 방법론으로, 긍휼을 하나의 소모품으로 전락시키는 것이다. 바쁜 생활 중에 기도를 잊지 말아야 한다고 서로 일깨우는 것은 마치 호흡을 멈추지 말라고 서로 일깨우는 것과 같다! 기도란 영적인 삶의 본질이어서 기도 없이는 모든 사역이 의미를 잃는다. 기도는 마음을 다하고 목숨을 다하고 뜻을 다하여 주 우리 하나님을 사랑하라는 지상 계명의 완성이다. 우리의 마음과 목숨과 뜻은 절대 하나님과 이웃에게로 나누일 수 없다. 하나님은 우리의 제약 없는 사랑을 원하시는 질투의 하나님이시다. 그러나 하나님께 대한 나뉘어지지 않은 전적인 헌신 속에서 우리에게 계시되는 하나님은 우리 이웃의 하나님이시다. 그분은 당신께 대한 우리의 사랑을 시공을 초월해 모든 사람을 품는 사랑으로 바꿔 주신다. 그러므로 둘째 계명은 첫째 계명과 같다. 그러므로 하나님과의 연합은 모든 인류와의 연합이다. 그러므로 모든 진정한 신비가들은 사람을 변화시키는 자들이며, 기도는 모든 긍휼의 어머니요 아버지요 형제자매다.

복을 베푸는 삶

복 받은 자들의 특징은 어디를 가나 항상 축복의 말을 한다는 것이다. 자신이 복 받은 자임을 아는 이들은 남을 축복하고 남을 좋게 말하며 남의 미덕과 진실을 들춰내기가 얼마나 쉬운지 모른다. 정말 놀랍다. 복 받은 이들은 항상 복을 빈다. 사람들은 얼마나 복 받기를 원하던가! 어디를 가나 분명한 사실이다. 저주나 험담이나 공격이나 비난을 통해 생명을 얻는 자는 아무도 없다. 그런데도 우리 주변에서 쉴 새 없이 그런 일이 벌어지고 있다. 결과는 어둠과 파멸과 죽음뿐이다. '복 받은 자'로서 우리는 이 세상을 살며 복을 베풀 수 있다. 큰 수고가 필요 없다. 복은 우리 마음에서 자연스레 흘러 나온다. 우리 내면에서 내 이름을 부르며 나에게 복 주시는 음성을 들을 때 어둠은 더 이상 우리를 방해하지 못한다. 나를 복 있는 자라 부르시는 그 음성이 우리에게 남을 축복할 말, 그들 역시 나만큼 복 받은 자임을 알려 줄 말을 일러 주실 것이다.

경청

모든 기도의 핵심은 사실상 듣는 것이다.
「모든 것을 새롭게」

기도란 무엇보다도 네 마음속 가장 깊은 곳에 거하시는
예수님의 음성을 듣는 것이다.
「헨리 나우웬의 영성 편지」

하나님 앞에 듣는 귀가 되는 것

분명한 사실이 있다. 우리는 흔히 안팎으로 너무나 많은 소음에 둘러싸여 있어 정작 하나님이 말씀하실 때 그 음성을 제대로 듣기 어렵다는 것이다. 우리는 귀머거리가 되어 하나님이 언제 부르시는지도 모르고 어느 방향으로 부르시는지도 깨닫지 못할 때가 많다. 그리하여 우리 삶은 어리석은 삶이 되고 만다. '어리석다 absurd'라는 말에는 '귀머거리'라는 뜻의 라틴어 단어 'surdus'가 들어 있다.

영적인 삶에 훈련이 필요한 것은 우리가 하나님의 음성을 듣는 법을 배울 필요가 있기 때문이다. 그분은 끊임없이 말씀하시건만 우리는 좀처럼 듣지 못한다. 그러나 듣는 법을 배우면 우리 삶은 순종하는 삶이 된다. '순종 obedient'이라는 말은 '듣는다'는 뜻의 라틴어 단어 'audire'에서 왔다. 어리석은 삶에서 순종하는 삶으로, 번잡한 염려로 가득 찬 삶에서 하나님의 음성을 듣고 그 인도를 따를 만한 자유로운 내적 공간이 있는 삶으로 서서히 옮겨 가기 위해서는 영적 훈련이 반드시 필요하다. 예수님의 삶은 순종의 삶이었다. 그분은 언제나 아버지의 말씀을 들으셨고 언제나 그 음성에 귀 기울이셨으며 언제나 그 인도에 깨어 있었다. 예수님은 '듣는 귀'이셨다. 하나님 앞에 듣는 귀가 되는 것, 그것이야말로 기도의 참 모습이다. 모든 기도의 핵심은 사실상 듣는 것이며 하나님의 임재 안에 순종의 마음으로 서 있는 것이다.

경청

고독 속에 들어갈 때 흔히 우리에게는 두 가지 음성이 들려온다. 세상의 음성과 주님의 음성이 서로 반대 방향으로 우리를 잡아끈다. 그러나 매번 고독의 자리로 충실하게 다시 돌아가면, 주님의 음성이 점점 강해져 우리는 자신이 찾던 평화를 머리와 가슴으로 알고 이해하게 된다.

고독 속에서 우리가 하는 일은 무엇인가? 첫 번째 대답은 "아무것도 하지 않는다"는 것이다. 내 주의를 원하시는 그분 앞에 단순히 있으라. 그리고 들으라! 그렇게 하나님 앞에 '무익한' 자로 있을 때 권력과 통제에 대한 환상이 서서히 죽으면서 우리 존재의 중심에 숨어 있던 사랑의 음성에 귀가 열린다. 그러나 "아무것도 하지 않고 무익한 자로 있는다"는 것은 말처럼 수동적인 일이 아니다. 사실 거기에는 노력과 세심한 집중이 요구된다. 그것은 능동적 경청을 요하는 일이다. 그 안에서 우리는 하나님의 치유의 임재에 자신을 내어드려 새롭게 될 수 있다.

듣는 마음

마음의 훈련은…… 기도가 단순히 일방적 경청이 아니라 **더불어 함께 듣는 것**임을 알게 한다. 마음의 훈련은 우리를 모든 존재와 모든 소유로 하나님의 임재 안에 서게 해준다. 두려움과 불안, 죄책감과 수치심, 성적 공상, 탐욕과 분노, 기쁨, 성공, 동경과 희망, 묵상, 꿈과 정신적 방황, 무엇보다 우리의 사람들, 가족들, 친구들, 적들,

한마디로 나를 나 되게 하는 모든 것으로 그 앞에 서게 한다. 이 모든 것으로 우리는 하나님의 음성을 들어야 하며, 그분이 내 존재의 구석구석에서 말씀하시도록 해야 한다. 이것은 아주 어려운 일이다. 우리는 두렵고 불안해서 늘 하나님께 자신을 감추기 때문이다.

우리는 자신의 모습 가운데 비교적 편안하게 느껴지는 부분과 긍정적 반응이 나오리라고 생각되는 부분만 하나님께 보이는 경향이 있다. 그래서 우리의 기도는 아주 선택적이고 좁아진다. 기도만 그런 것이 아니라 자기이해도 그렇다. 하나님 앞에서 이방인처럼 행동함으로써 자신에게도 이방인이 되기 때문이다.

작고 세미한 음성

잠잠히 조용하게 있어 하나님께서 내 인생의 의미를 말씀하실 기회를 드리는 것이 왜 이리 어려울까? 내가 하나님을 믿지 못하기 때문일까? 하나님을 모르기 때문일까? 하나님이 정말 내 곁에 계신지 확신이 없어서일까? 하나님이 무서워서일까? 하나님보다 나머지 모든 것이 내게 더 현실적이기 때문일까? 내 마음속 깊은 곳에서 하나님이 연지Yonge와 블루어Bloor 길의 모퉁이에서 벌어지는 일에 관심이 있으리라고 믿지 않기 때문일까?

그래도 음성은 엄연히 들려온다. 토론토 시내의 바로 이곳에. "수고하고 무거운 짐 진 자들아, 다 내게로 오라. 내가 너희를 쉬게 하리라. 나는 마음이 온유하고 겸손하니 나의 멍에를 메고 내게 배우라. 그러면 너희 마음이 쉼을 얻으리니 이는 내 멍에는 쉽고 내

짐은 가벼움이라"(마 11:28-30).

나는 그 음성을 듣고 따를 수 있을까? 그 목소리는 쩌렁쩌렁하지 않다. 종종 그 음성은 도심의 소요에 파묻힌다. 그래도 귀기울여 듣는다면 그 음성은 계속 다시 들려오리라. 내 마음속 가장 깊은 곳에 말씀하시는 음성으로 식별하게 되리라.

축복의 말 듣기

개인적으로 내 경우, 기도는 점점 더 축복의 말을 듣는 통로가 되고 있다. 기도에 관해 책도 많이 읽고 글도 많이 썼지만 한적한 곳으로 기도하러 갈 때면 깨닫는 것이 있다. 하나님께 말을 많이 하고 싶은 성향이 내게 있음에도 불구하고 기도의 진정한 '일'은 나를 좋게 말하는 음성에 침묵으로 귀기울이는 것이다. 방종처럼 들릴 수 있지만 실제로는 어려운 훈련이다. 나는 저주의 말이나 내가 쓸모 없다든지 모자란다든지 하는 말을 듣기가 너무 두려워, 다시 입을 열어 계속 말하고 싶은 유혹에 금방 넘어간다. 두려움을 이겨 보기 위해서다. 나의 선함을 부정하려는 많은 음성을 가볍게 밀쳐내 잠잠케 하고 대신 축복의 음성이 들려올 것을 믿는 것…… 그것은 정말 고된 작업이다.

꼬박 1시간 동안 아무것도 하지 않으며 자신의 마음속 깊은 곳에 거하는 음성에 귀기울여 본 일이 있는가?…… 침묵 속에 들어가 세상의 시끄럽고 귀찮은 잡다한 음성을 따돌리고 "너는 내 사랑하는 자녀요 내 기뻐하는 자라"는 작고 친밀한 음성을 가려 듣기란 쉽지 않다. 그럼에도 과감히 고독을 끌어안고 침묵을 벗삼는다면 우리는 그 음성을 알게 된다. 어느 날 그 음성을 육신의 귀로 듣게 된다는 말이 아니다. 내가 이야기하는 것은 환청이 아니다. 믿음의 귀, 내면의 마음의 귀로 들을 수 있는 음성을 말하는 것이다.

새로운 시작

우리는 매일, 매시간, 매분을 새로운 시작으로, 모든 것을 새롭게 할 단 한번의 기회로 보고 사는 법을 배워야 한다. 매순간을 새 생명을 잉태한 순간으로 살 수 있다고 생각해 보라. 하루하루를 약속이 충만한 나날로 살 수 있다고 생각해 보라. 매번 다가오는 새해를 "네게 줄 선물이 있다. 네가 어서 보았으면 좋겠구나!"라고 말씀하시는 음성을 늘 들으며 살 수 있다고 생각해 보라. 한번 상상해 보라.

그 상상을 통해 우리 인생의 진실에 이를 수 있을까? 물론이다! 문제는 우리가 과거에게—과거는 해마다 점점 길어진다—이렇게 말할 권한을 내준다는 것이다. "너도 다 안다. 다 보았다. 현실을 봐라. 미래는 과거의 또 한번의 반복에 지나지 않을 것이다." 어깨에 뛰어올라 우리 귀에 이런 새빨간 거짓말을 속삭이는 교활한 여우들이 많이 있다. "해 아래는 새 것이 없다.…… 속지 말아라……."

그러면 어떻게 해야 할까? 우선 여우를 제자리로 돌려보내야 한다. 여우가 살 곳은 여우굴이다. 그 다음에는 우리 삶의 계곡과 언덕으로 울려 퍼지는 이런 음성에 머리와 가슴을 열어야 한다.

"내가 사는 곳을 봐라. 나는 내 백성 중에 함께 산다. 내 이름은 '너와 함께하시는 하나님'이다. 내가 네 눈에서 모든 눈물을 씻겨 주겠다. 더 이상 죽음이나 애통이나 슬픔이 없을 것이다. 과거 세상은 다 지나갔다"(계 21:2-5 참조).

우리는 그 음성을 듣는 쪽을 택해야 한다. 매번 그 길을 택할 때마다, 순간 속에 숨어 태어나기를 간절히 기다리고 있는 새 생명에 조금씩 더 눈뜨게 될 것이다.

거룩한 글을 듣는다

여기서 구체적 제안을 하나 내놓는 것도 도움이 될 것이다. 경청의 한 가지 좋은 길은, 예컨대 시편이나 기도문 등 거룩한 글을 듣는 것이다. 한 영성 작가는 내게 거룩한 글을 암송해 마음속으로 한 단어씩 한 문장씩 천천히 되풀이하는 것의 소중한 가치를 일러 주었다. 그렇게 할 때 사랑의 음성을 듣는 일이 단순히 수동적 기다림이 아니라, 성경말씀을 통해 들려주시는 음성에 대한 능동적 귀기울임이 된다.

나는 30분간의 기도시간을 아무 일도 하지 않고 오직 성 프란체스코의 기도를 천천히 반복하며 보낼 때가 많다. "주여, 나를 평화의 도구로 써 주소서. 미움이 있는 곳에 사랑을 심게 하소서……." 이 기도가 머리에서 가슴으로 전해지는 사이, 나는 모든 불안한 감정과 기분을 뛰어넘어 내가 찾던 평안과 사랑을 그 말 속에서 경험하기 시작한다.

이런 식의 기도로 나는 계속 주의가 산만해지는 문제도 해결할 수 있었다. 생각이 제멋대로 곁길로 빠질 때마다 단순히 본문으로 다시 돌아가서, 내가 그토록 듣고 싶은 음성에 마음속으로 다시 한 번 귀기울이는 것이다.

세 가지 경청의 형태

더 시급해 보이는 일들로 우리의 마음을 산만하게 하고 주의를 끌려고 하는 이 세상에서, 우리는 어떻게 그 음성에 계속 귀기울일 수 있을까?…… 그 동안 내게 가장 큰 유익이 되었던 세 가지 경청의 형태를…… 너에게 소개하고 싶다.

첫째, 교회에 귀기울여야 한다. 교회가 예수님께로 가는 길은커녕 오히려 그 길의 장애물로 보이는 시대와 나라에서 이것이 환영받는 충고가 아님을 나도 안다. 그럼에도 불구하고 우리 시대에 영적으로 가장 커다란 위험은 예수님과 교회를 분리시키는 일이라고 나는 확신한다. 교회는 주님의 몸이다. 예수님 없이는 교회도 있을 수 없고, 교회가 없이는 우리가 예수님께 연합해 있을 수 없다. 교회를 떠남으로 예수님께 더 가까워졌다는 사람은 아직 만나보지 못했다. 교회에 귀기울인다는 것은 곧 교회의 주님께 귀기울인다는 뜻이다. 특히 여기에는 강림절, 크리스마스, 사순절, 부활절, 승천일, 성령강림절 등 신앙절기에 따른 교회생활에 참여한다는 뜻이 들어 있다. 이런 절기와 축일을 통해 우리는 예수님을 좀 더 깊이 알 수 있고, 교회 안에서 주시는 그분의 생명에 더 친밀하게 연합할 수 있다.

성찬식은 교회생활의 핵심이다. 생명을 주시는 복음을 듣는 곳도 성찬식이요, 네 안의 그 생명을 유지시켜주는 은사를 받는 곳도 성찬식이다. 네가 교회에 계속 귀기울이고 있다는 가장 확실한 증거는 꾸준히 성찬식에 참여하는 것이다.

둘째, 책에 귀기울여야 한다. 성경을 읽고, 성경과 영적인 삶과 '위대한' 성인들의 삶에 대한 책들을 읽어야 한다는 뜻이다.······ 어쩌다 손에 잡힌 경우이든 일부러 택해서 읽는 경우이든, 신앙서적을 통해 하나님께 돌아오는 사람들이 많이 있다. 아우구스티누스, 이그나티우스, 토머스 머튼Thomas Merton, 기타 많은 사람들이 책을 통해 회심했다. 그러나 중요한 것은 '영적인' 책을 재미있는 정보의 출처로 읽는 것이 아니라 나에게 직접 말하는 음성을 듣듯 그렇게 귀기울이는 것이다. 책이 너를 '읽게' 하는 것은 쉽지 않은 일이다. 지식과 정보에 대한 갈증 때문에 흔히 우리는, 말이 자신을 소유하게 하지 않고 자신이 말을 소유하려 한다. 그럴지라도, 네 마음속에 들어가려고 하는 하나님의 말씀에 깊이 귀기울일 때 너는 가장 많은 것을 배우게 될 것이다.

끝으로, 네 마음에 귀기울여야 한다. 예수께서 너에게 가장 친밀하게 말씀하시는 곳이 바로 네 마음이다. 기도란 무엇보다도 네 마음속 가장 깊은 곳에 거하시는 예수님의 음성을 듣는 것이다. 그분은 고함치지 않으신다. 억지로 밀고 들어오지 않으신다. 그분의 음성은 겸손한 음성이요, 거의 속삭임에 가까운 부드러운 사랑의 음성이다. 평생 무슨 일을 하며 살든 네 마음에 계시는 예수님의 음성에 귀기울이며 살아라. 적극적으로 아주 집중하여 들어야 한다. 분주하고 시끄러운 세상에서 예수님의 사랑의 음성은 다른 소리에 쉽게 파묻히기 때문이다. 예수님의 음성을 이렇게 적극적으로 들으려면 매일 일정한 시간을 따로 뗄 필요가 있다. 10분도 좋다. 매일 예수님과 단둘이 10분만 보내도 너의 삶은 근본적으로 달라질 것이다.

함께 듣기

말 많은 이 세상에서 우리는 함께 하는 시간을 대개 말하는 데 소비한다. 경험을 나누고 흥미로운 주제를 토론하고 시사문제에 일가견을 표할 때 우리는 가장 편안함을 느낀다. 아주 열심히 말을 주고받으면서 서로를 발견하려 하는 것이다. 그러나 우리는 말이란 것이 문門보다는 벽으로, 가까워지기보다는 멀어지게 하는 수단으로 작용한다는 것을 종종 깨닫는다. 서로 경쟁하고 있는―때로 본심과 정반대로―우리 자신을 보게 되는 경우도 많다. 나야말로 남의 관심을 끌 가치가 있으며 남한테 보여줄 특별한 것이 있다며 서로 그것을 입증해 보이려 한다.

  공동체훈련은 그런 우리에게 함께 침묵하는 법을 가르쳐준다. 이 훈련된 침묵은 당황하여 어쩔 줄 모르는 침묵이 아니라 우리를 나란히 부르신 주님께로 함께 시선을 모으는 침묵이다. 그럴 때 우리는 서로를 인간이 만들어 낸 정체에 초조히 매달리는 자들로서 아는 것이 아니라, 같은 하나님께 아주 친밀하고 독특한 사랑을 입은 자들로 알게 된다…….

우리를 공동의 침묵으로 인도할 수 있는 것은 성경말씀일 때가 많다. 바울의 말처럼 믿음은 들음에서 난다. 우리는 서로에게서 성경말씀을 들어야 한다. 우리는 지역적·역사적·심리적·종교적으로 각기 다른 곳에서 와서 이렇게 함께 있다. 이처럼 상이한 사람들이 똑같은 말씀을 함께 들을 때, 우리 안에는 공동의 열린 마음과 연약함이 싹트고 그것을 통해 우리는 그 말씀 안에서 함께 안전함을 느낀다. 그렇게 우리는 공동체로서 우리의 참 정체를 발견할 수 있고, 그렇게 우리는 함께 부름받는다는 것의 의미를 체험할 수 있으며, 그렇게 우리는 내가 고독 속에서 만난 주님이 언어와 교파와 성격을 초월하여 이웃들의 고독 속에서도 말씀하신다는 것을 깨달을 수 있다.

이처럼 하나님의 말씀을 함께 듣는 중에 진정한 창조적 침묵이 자라날 수 있다. 이 침묵은 하나님의 자상하신 임재로 가득 찬 침묵이다. 이렇듯 말씀을 함께 들을 때 우리는 경쟁과 라이벌 의식에서 벗어나서, 같은 사랑의 하나님의 아들딸이요 주 예수 그리스도와 서로의 형제자매로 우리의 참 정체를 인식할 수 있다.

훈련

영적인 삶이란 훈련 없이는 불가능하다.
「모든 것을 새롭게」

훈련이란 막힘 없는 기도의 삶이 펼쳐질 수 있는 상황을 갖추고자
뭔가 아주 구체적이고 세부적인 일을 해야 한다는 뜻이다.
「로마의 어릿광대」

하나님 나라를 구하는 마음

조각조각 분열된 삶에서 한데 모아진 삶으로, 많은 것에서 한 가지 꼭 필요한 것으로, 마음이 나뉜 삶에서 성령 안의 일편단심의 삶으로 가려면 어떻게 해야 할까? 고된 노력이 필요하다. 성령으로 하여금 우리 안에서 역사하사 우리를 재창조하실 수 있도록 해드리는 노력이다. 이 노력은 우리 힘으로 할 수 있는 것이다. 여기에는 아주 구체적으로 잘 계획된 몇 가지 단계가 필요하다. 하루에 몇 분이라도 하나님의 임재 안에 들어가 우리의 많은 관심사 한복판에서 그분의 음성을 들어야 한다. 또한 다른 사람들과 새로운 방식으로 함께 있으려는 꾸준한 노력이 필요하다. 그들을 내가 두려울 때 매달릴 대상이 아니라 함께 하나님의 공간을 만들어 갈 동료 인간으로 보아야 한다. 이런 잘 계획된 단계, 곧 고독훈련과 공동체훈련이야말로 '그의 나라를 구하는' 구체적인 길이다. 그 훈련은 염려의 위력을 서서히 와해시켜 우리를 쉬지 않는 기도의 세계로 이끌어 줄 수 있다.

대체로 영적인 삶을 시작하는 것이 어려운 까닭은, 염려를 유발하는 세력이 워낙 강하기 때문이기도 하지만 성령의 임재가 거의 눈에 띄지 않기 때문이기도 하다. 그러나 훈련에 성실히 임하다 보면 새로운 굶주림이 생겨날 것이다. 이 새로운 굶주림이 하나님 임재의 첫 신호다. 이 하나님의 임재에 계속 주의를 기울일 때 우리는 언제나 그 나라 안으로 점점 깊이 들어가게 된다.

두 손을 펴고

급한 용무와 긴급 상황으로 점철된 듯한 사회에서 기도란 어울리지 않는 행동처럼 보인다. 자신도 모르는 사이에 우리는 '일에 뛰어드는' 것이 기도보다 중요하다는 생각을 받아들였고, 기도를 다른 급한 일이 없을 때나 하는 일로 생각하게 되었다.

기도란 세상사에 대한 우리의 가장 자연스런 반응이 아니다. 따라서 인간의 집중적 노력이 반드시 필요하다. 충동대로 한다면 언제나 우리는 기도보다 다른 일이 먼저 하고 싶을 것이다. 교회교육 프로그램을 짜고, 주방일을 거들고, 사람들의 문제를 들어주고, 환자를 심방하고, 예배를 계획하고, 죄수나 정신 질환자를 돕는 등 종종 우리가 하려는 일은 더할 나위 없이 선해 보인다. 결국 그런 일들조차도 짜증스런 마음으로 행할 수 있다. 따라서 그것이 하나님의 궁휼보다는 자신의 필요의 표출이 될 수 있다는 사실을 여간해서는 깨닫기 힘들다.

그러므로 기도는 여러 면에서 그리스도인의 삶의 기준이다. 기도하려면 두 손을 펴고, 약하고 벌거벗은 몸으로 하나님의 임재 안에 서야 한다. 하나님 없이는 아무것도 할 수 없다고 자신과 타인 앞에 선포하는 셈이다. "최선을 다하면 나머지는 하나님이 알아서 해주신다"는 생각이 팽배한 분위기에서 그것은 쉽지 않은 일이다. 삶을 '내 최선'과 '하나님의 나머지'로 구분한다면 그것은 기도를 내 자원이 떨어질 때에나 사용하는 최후 방책으로 전락시키는 것이다. 그럴 때 주님마저도 우리의 조급한 성질의 피해자가 된다. 제자도란 우리 힘으로 더 이상 안될 때 하나님을 이용한다는 뜻이 아니다. 반대로 제자도란 우리 힘으로 아무것도 할 수 없으나 하나님이 우리를 통해 모든 것을 하실 수 있음을 깨닫는 것이다. 제자로서 우리는 힘과 희망과 용기와 확신의 일부만 아닌 전부를 하나님 안에서 발견한다. 그러므로 기도야말로 우리의 첫 번째 관심사가 되어야 한다.

하나님과의 만남에 울타리를 두르다
우리는 단순히 하나님의 임재 안에 조용히 머무를 시간이 필요하다. 모든 시간을 하나님을 위한 시간으로 삼고 싶을지라도, 일분이든 한시간이든 한나절이든 하루든 일주일이든 한달이든, 특별히 시간을 정해 하나님만을 위한 시간으로 떼어 놓지 않는 한 결코 뜻대로 되지 않는다. 여기에는 많은 훈련과 모험이 필요하다. 우리 앞에는 언제나 더 시급해 보이는 일이 있으며, '그저 가만히 앉아 아무 일도 하지 않는' 것은 도움보다 오히려 방해로 보이기 때문이다. 그러나 다른 길은 없다. 하나님의 임재 안에 무익한 존재로 침묵하는 것이야말로 모든 기도의 핵심에 속한다. 처음에는 자기 내면의 걷잡을 수 없는 소음들이 하나님의 음성보다 더 크게 들릴 때가 많다. 때로 그것은 몹시 견디기 힘들다. 그러나 서서히, 아주 서서히 우리는 침묵의 시간이 우리를 잔잔케 함으로써 자신과 하나님을 더 깊이 느끼게 해준다는 것을 깨닫는다. 얼마 후부터는 혹 그 순간을 놓치기라도 하면 못내 아쉬워진다. 우리를 점점 침묵으로 끌어들여 하나님이 말씀하시는 정지된 지점으로 다가가게 하는 내면의 단계에 자신도 모르는 사이에 도달하는 것이다.

성경을 읽고 묵상하는 것은 하나님의 임재 안에 침묵하는 시간과 밀접한 관계가 있다. 하나님의 말씀은 우리를 침묵으로 끌어들이고 침묵은 다시 우리로 하여금 하나님의 말씀에 귀기울이게 한다. 하나님의 말씀은 인간의 다변多辯의 옹벽을 뚫고 우리 심령 한가운데 침묵 속으로 파고들며, 침묵은 다시 우리 속에 말씀을 들을 공간을 터준다. 말씀을 읽지 않으면 침묵은 생기를 잃고, 침묵이 없으면 말씀은 재창조의 힘을 잃는다. 말씀은 침묵으로 이끌고 침묵은 말씀으로 이끈다. 말씀은 침묵 안에서 태어난다. 침묵은 말씀에 대한 가장 깊은 반응이다.

기도에 훈련이 필요한 이유가 거기 있다. 훈련이란 하나님과의 만남에 울타리를 두른다는 뜻이다. 하나님을 만날 길이 없을 만큼 우리의 시간과 장소가 다른 것들로 꽉차 있어서는 안된다. '지금은 하나님과 함께 있는 시간'이라고 말하려면 그만큼 고된 노력이 필요하다. 좋든 싫든 원하든 원치 않든 만족이 있든 없든, 그 시간을 낸다는 것은 훈련이 아니고서는 안된다. 하루 10분이라도 꾸준히 기도훈련에 충실히 임하는 이들은 결국 그것을 놓치고 싶어하지 않는다. 만족을 당장 피부로 느끼지 못하더라도 말이다. 아주 흥미로운 사실이다. 10분 동안 내내 딴 생각이 들 수도 있지만 그래도 그들은 계속한다. 그들의 고백은 이렇다. "내 생각보다 더 깊은 차원에서 내게 뭔가 새로운 일이 일어나고 있다. 기도할 때 대단한 생각이나 대단한 느낌은 없지만 하나님은 내 마음과 생각보다 크시다."

기도의 커다란 신비는 내 감각이나 지식으로 깨달을 수 있는 것보다 훨씬 크다. 기도의 자리에 거할 때―그 안에 안겨 있을 때―나는 하나님이 나보다 크심을 믿는다.

기도 연습

훈련이 없는 한 끊임없는 기도는 막연한 이상에 지나지 않는다. 약간의 낭만적 매력은 있을지 모르나 현대 세계에 그다지 현실적인 것은 아니다. 훈련이란 막힘 없는 기도의 삶이 펼쳐질 수 있는 상황을 갖추고자 아주 구체적이고 세부적인 일을 해야 한다는 뜻이다. 끊임없는 기도는 기도 연습이라는 훈련을 요한다. 날마다 특정한 시간과 장소를 떼어 기도에 전념하지 않는 사람들은 자신의 끊임없는 생각이 끊임없는 기도가 될 것을 절대 기대할 수 없다. 이런 계획적 기도 연습이 왜 그토록 중요할까? 그 연습을 통해 하나님이 현실적 대화 상대로 우리 앞에 온전히 임재하실 수 있기 때문이다…….

기도란 명시적으로 하나님과 함께 있는 길이다. 그것을 이해하고 기도에 힘쓰는 것이 절대 중요하다. 우리는 흔히 "범사에 감사하며 살아야 한다"고 말한다. 그러나 그것은 아주 구체적이고 가시적인 방법으로 감사를 표현하는 시간이 따로 있을 때에만 가능한 것이다. 우리는 흔히 "날마다 하나님의 영광을 위해 살아야 한다"고 말한다. 그러나 그것은 꾸준히 하루를 따로 떼어 하나님께 영광을 돌릴 때에만 가능한 것이다. 우리는 흔히 "항상 서로 사랑해야 한다"고 말한다. 그러나 그것은 구체적이고 명백한 사랑의 행위를 꾸준히 행할 때에만 가능한 것이다. 마찬가지로 "모든 생각이 기도가 되어야 한다"는 말도 하나님을 우리의 유일한 생각으로 삼는 시간이 따로 있을 때에만 가능한 것이다…….

많은 사람들이 아직도 묵상기도란 아주 특별하고 아주 '고차원적'이고 아주 어려워서, 보통 직업에 보통 문제를 가진 보통 사람들과는 거리가 멀다는 인상을 갖고 있다. 안타까운 일이다. 묵상기도의 훈련이야말로 마음이 너무 복잡해서 생각이 조각조각 분열된 사람들에게 특히 유익한 것이기 때문이다. 생각의 내용으로 주님과 지속적 대화를 나누는 것이 정녕 모든 그리스도인의 소명일진대, 묵상기도는 수많은 세상사에 깊이 연루된 이들에게 특히 중요한 훈련이 될 수 있다.

인내심 개발

기도는 인내심 훈련이기도 하다. 그것은 우리 안에서 재창조 사역을 하실 수 있도록 성령께 기회를 드리는 인간 편의 노력이다……. 기도훈련은 우리로 멈추어 듣게 한다. 기다리며 찾게 한다. 맛보고 보게 한다. 집중하고 깨어 있게 한다. 수동적이 되라는 말처럼 들릴지 모르지만 사실은 강한 의지와 동기가 필요하다. 기도훈련이란 일종의 내면의 개혁이라 할 수 있다. 세상에 대한 평상시의 당연한 반응은, 라디오를 켜고 신문을 펼치고 영화를 한 편 더 보고 더 많은 사람과 얘기하며 초조하게 새로운 멋과 매력을 찾는 것이다. 기도로 성령의 음성을 참을성 있게 듣는다는 것은 처음에는 못내 불편하게 느껴지는 근본적 개혁이다. 우리는 조급한 생활방식에 너무 젖어 있어 순간 속에서 많은 것을 기대하지 않는다. 순간의 '이면'을 보거나 그 '안에' 머물려는 노력은 우리의 평상시 습관에 어긋나는 것이라 모든 충동이 거기에 항변하고 나선다. 그러나 훈련에 충실할 때 우리는 지금 여기서 뭔가 아주 깊고 신비롭고 창의적인 일이 벌어지고 있음을 서서히 느끼며 거기에 마음이 끌린다. 충동 때문이 아니라 성령에 의해서다. 내면의 개혁을 통해 우리는 긍휼이 풍성한 하나님의 임재를 경험한다.

성실성: 존 유즈의 답

오늘아침 나는 존 유즈에게 이렇게 물었다. "바쁜 업무에 다시 돌아온 내가 어떻게 깊은 기도생활을 이어갈 수 있습니까?" 존 유즈의 답은 간단명료했다. "유일한 해답은 기도시간을 정해 놓고 자신의 영적 스승과의 의논 없이는 그것을 절대 어기지 않는 것입니다. 시간을 무리 없이 정하십시오. 그리고 일단 정했으면 무슨 수를 써서라도 지키십시오. 그 시간을 가장 중요한 일로 삼으십시오. 그것만은 바꿀 수 없다는 것을 모든 사람에게 알리십시오. 그리고 그 시간에 기도하십시오.…… 성실하게 해나가면 그 시간에 잡다한 문제로 고민하는 것이 쓸데없는 일임을 점차 깨닫게 됩니다. 어차피 고민한다고 그 시간에 문제가 해결되는 것이 아니기 때문입니다. 결국 그 자유시간에 '지금은 할 일이 전혀 없으니까 기도하는 것이 좋겠구나!' 하는 생각이 듭니다. 그렇게 기도는 먹고 자는 것처럼 중요해지고, 정해진 기도시간은 놀라운 해방의 시간이 됩니다. 좋은 의미에서 거기에 집착하게 됩니다."

테레사 수녀의 답

몇 년 전 나는 캘커타의 테레사 수녀를 만날 기회가 있었다. 당시 많은 문제로 고민하던 나는 그 기회를 살려 테레사 수녀의 충고를 듣기로 했다. 자리에 앉자마자 내 모든 문제와 고민을 설명하기 시작했다. 한없이 복잡한 문제임을 납득시키려 했다. 10분 동안 장황하게 늘어놓은 뒤 마침내 내가 입을 다물자 테레사 수녀는 조용히 나를 쳐다보며 말했다. "글쎄요. 하루 한 시간씩 주님을 사모하며 보내고, 잘못인 줄 아는 일을 일절 하지 않는다면…… 아무 문제가 없을 것입니다!"

그 말을 듣는 순간, 나는 불현듯 테레사 수녀가 내 복잡한 신세타령의 커다란 풍선을 터뜨려 내게 나 자신을 벗어나 참된 치유의 자리를 보게 해주었다는 생각이 들었다.…… 수녀의 짧은 말은 내 마음과 생각에 새겨져 지금까지 떠나지 않고 있다. 내가 기대했던 말은 아니지만 그 단순하고도 직접적인 말은 내 존재의 핵심에 파고들었다. 나는 테레사 수녀의 말이 **진실**이라는 것과 내가 평생 그

말대로 살아야 한다는 것을 알았다.

영적 독서

성령 안의 삶에 한 가지 중요한 훈련은 영적 독서다. 영적 독서란 우리 마음에 들어오는 자극들에 대해 누군가 우리에게 말해 줄 사람이 있음을 뜻한다. 날마다 우리 사회는 무수한 영상과 소리로 우리를 덮쳐 온다. 토론토 시내 연지 길을 운전하는 일은 마치 사전 속을 헤치고 지나는 것과 같다. 단어마다 온갖 크기와 색깔, 온갖 몸짓과 소음으로 우리의 관심을 끌려 한다. 단어들은 우리에게 "나를 먹으라. 나를 마시라. 나를 사라. 나를 고용하라. 나를 보라. 나와 말하라. 나와 잠자라!"고 고함을 질러댄다. 우리가 그것을 청했는지 여부는 문제가 안된다. 단어와 영상은 위력적으로 우리 마음에 침입해 들어오며 우리는 얼마 못 가서 거기에 빨려들지 않을 수 없다. 그러나 우리 마음이 정말 세상의 쓰레기통이 되어야 할까? 그것이 우리가 원하는 것일까?······.

분명 아니다. 그러나 세상 대신 하나님을 우리 마음의 주님으로 삼으려면 참된 훈련이 필요하다. 그러려면 비둘기처럼 순결하기만 해서는 안된다. 동시에 뱀처럼 지혜로워야 한다! 이 부분에서 영적 독서는 참으로 유익한 훈련이다. 현재 읽고 있는 책이 있는가? 자신의 심령에 양식이 되고 자신을 하나님께 가까이 이끌어 주기 때문에 선택한 책이 있는가? 우리가 늘 책 한 권을 들고 다니며 마음을 거듭 바른 방향으로 다잡는다면 우리 생각과 감정은 깊은 영향을 입을 것이다.…… 그런 책을 하루에 15분만 읽어도 우리 마음은 머잖아 쓰레기통 신세를 벗어나 점점 좋은 생각으로 가득 찬 화병이 되어 갈 것이다.

성경 읽기와 묵상

자신을 열어 하나님의 부르심에 응답하려면 맨 먼저 해야 할 일이 성경을 읽는 것이다. 성경 읽기는 생각처럼 쉽지 않다. 세상이 학문 중심이다 보니 무엇이든 읽는 것마다 분석과 토론에 부치는 경향이 있기 때문이다. 그러나 하나님의 말씀은 무엇보다 우리를 생각과 묵상으로 이끌어야 한다. 말씀을 조각조각 떼어 내기보다는 우리 존재의 가장 깊은 곳에서 하나로 종합해야 한다. 말씀이 내 생각과 같은지 아닌지 따지기보다는 어떤 말씀이 내게 직접 주시는 것이며 내 개인적 상황에 가장 잘 연결되는 것인지 찾아야 한다. 말씀을 재미있는 대화나 논문 주제로 생각하기보다는 말씀이 내 마음의 가장 후미진 구석까지 뚫고 들어가게 해야 한다. 아직 그 어떤 말도 들어가 본 적 없는 은밀한 곳까지 말이다. 그래야만 말씀이 옥토에 뿌려진 씨앗처럼 열매를 맺을 수 있다. 그럴 때에만 우리는 진정 "듣고 깨달을"(마 13:23) 수 있다.

묵상기도의 아주 간단한 훈련 하나는, 밤마다 잠자리에 들기 전 다음날 아침에 묵상할 말씀을 특히 복음서에 초점을 맞추어 읽는 것

이다. 특별히 위로가 되는 문장이나 단어를 마음속으로 몇 번이고 반복하는 것이 유익할 때가 많다. 그 한 문장이나 단어를 통해 전체 내용이 떠올라 서서히 머리에서 가슴으로 내려가기 때문이다.

이 기도는 위기 때마다 내게 큰 도움이 되었다. 불안이나 염려가 나를 우상숭배의 길로 유혹하며 잠 못 들게 하는 밤에 특히 도움이 된다. 나는 복음서의 기사나 다른 신구약 기자들의 말을 떠올리며 정신적으로 안전한 집을 가꿀 수 있다. 내 모든 집착을 그 집으로 끌어들여 조용한 기도로 바꿀 수 있다.

이튿날 따로 시간을 떼어 본격적으로 묵상해야 한다. 본문에 나타난 그리스도를 바라보는 시간이다. 가장 좋은 방법은 그날의 복음서 부분을 다시 읽으면서 사람들과 말씀하시고 행동하시는 주님을 머리 속에 그려 보는 것이다. 이 시간에 우리는, 그분을 볼 수 있고 들을 수 있고 만질 수 있고 내 전 존재로 그 임재를 느낄 수 있다. 우리의 치유자, 교사, 인도자이신 그분을 볼 수 있다. 그분의 분노와 긍휼과 고난과 영광을 볼 수 있다. 우리는 그분을 보고 들으며 그분과 대화 속으로 들어갈 수 있다…….

내 경우, 그날의 본문을 통해 말씀하시는 그리스도와 단둘이 있는 이 '빈 시간'의 훈련은 내 삶에 놀라운 영향력을 미쳐 왔다. '빈 시간' 동안 묵상한 그리스도의 영상이 남은 하루 동안 어디서 무엇을 하든, 아름다운 아이콘icon으로 내게 머무는 것을 느끼곤 한다. 그것은 내 모든 생각의 중심에 의식적으로 느껴질 때도 있지만 그저 조용한 임재로 어렴풋이 느껴질 때가 더 많다…….

이 단순한 기도훈련은 우리의 끊임없는 생각이 끊임없는 기도로 바뀌게 하는 강력한 틀의 역할을 톡톡히 해낼 수 있다. 묵상기도를 할 때 그리스도는 오래전 딴 세상에 살았던 이방인으로 남을 수 없다. 오히려 그분은 지금 여기서, 우리와 대화하실 수 있는 살아있는 임재가 된다.

저녁기도는 아주 친밀하고 충만한 기도의 순간이다. 이웃들 중에는 날마다 교회당에 나와 하루 중 가장 고요한 이 기도에 참석하는 이들도 있다. 나는 저녁기도 때 사용하는 시편들이 서서히 내 몸의 일부가 되는 것을 새삼 깨닫는다. 그 시들은 내 밤의 일부가 되어 나를 안식의 잠으로 인도한다.…… 저녁기도에는 시종 믿음이 배어 있다.

> 지존자의 은밀한 곳에 거하는 자는
> 전능하신 자의 그늘 아래 거하리로다.
> 내가 여호와를 가리켜 말하기를
> "저는 나의 피난처요 나의 요새요
> 나의 의뢰하는 하나님이라" 하리니
> 이는 저가 너를 새 사냥꾼의 올무에서와
> 극한 염병에서 건지실 것임이로다.
> 저가 너를 그 깃으로 덮으시리니
> 네가 그 날개 아래 피하리로다(시 91편).

이 말씀들이 서서히 내 마음의 중심으로 들어온다. 그것은 개념과 이미지와 비유 이상의 것이다. 그것은 실존하는 임재가 된다. 많은 긴장과 고된 일과로 하루를 보낸 우리는 모든 것을 안전하게 내려놓을 수 있음을 안다. 지존자의 은밀한 곳에 거하는 것이 얼마나 좋은 일인지 깨닫는다.

암송

단순하면서도 뻔한 듯한 방법으로 암송을 들 수 있다. '마음에 새긴다'는 표현에 이미 그 가치가 암시되어 있다. 안타깝게도 개인적으로 나는 암송하는 기도문과 시편이 별로 많지 않다. 기도하려면 책이 필요할 때가 많다. 책이 없으면 내 마음에서 나오는 보잘것없는 기도에 머무는 경향이 있다. '끊임없이' 기도하기가 그토록 힘든 이유 중 하나는, 교회라는 장만 벗어나면 기도문이 별로 없기 때문이 아닌가 생각된다. 그러나 암송한 기도문들 덕택에 아주 고통스런 위기도 견뎌낼 수 있다고 나는 믿는다. 감리교 목사 프레드 모리스는 내게 시편 23편("여호와는 나의 목자시니") 덕택에 브라질 고문실의 죽음 같은 시간을 견뎌 낼 수 있었다고 말했다. 책 없이 견뎌내야 할 때 나라면 어떤 말씀들을 품고 갈 수 있을지 늘 궁금하다. 위기 상황을 만날 때, 나를 인도해 줄 하나님의 말씀 없이 내 흠 많고 두서없는 기도에 의존해야 하는 것은 아닌지 걱정된다.

영적 인도

말과 침묵에는 둘 다 인도가 필요하다. 우리가 착각하고 있지 않음을 어떻게 아는가? 내 취향에 맞는 말씀만 골라 듣는 것이 아님을 어떻게 아는가? 내 상상의 음성을 듣는 것이 아님을 어떻게 아는가? 성경말씀을 인용하는 이들도 많고 침묵 속에서 음성을 듣고 환상을 보는 이들도 많지만 하나님께 이르는 길을 찾은 사람은 소수에 지나지 않는다. 누가 자기 사건에 스스로 판사가 될 수 있으랴. 누가 자신의 감정과 통찰이 올바른 방향으로 가고 있는지 스스로 판별할 수 있으랴. 우리 하나님은 우리의 마음과 생각보다 크시다. 우리는 자기 마음의 욕망과 자기 생각의 추정을 하나님의 뜻으로 둔갑시키려 할 때가 너무 많다. 그러므로 우리에게는 인도자, 지도자, 상담자가 필요하다. 하나님의 음성과 우리 자신의 혼돈이나 우리 통제권 밖의 어두운 세력에서 비롯되는 다른 모든 음성을 구분하도록 도와줄 사람이 필요하다. 모든 것을 포기하고 다 잊어버리고 절망 중에 떠나고 싶은 유혹을 느낄 때 우리를 격려해 줄 사람이 필요하다. 불확실한 방향으로 너무 경솔히 덤비거나 애매한 목표로 교만하게 치달을 때면 우리를 말려 줄 사람이 필요하다. 읽어야 할 때와 침묵해야 할 때를 가려 주고 묵상해야 할 말씀을 일러 줄 사람이 필요하다. 침묵 속에서 평안을 얻지 못하고 두려움만 느낄 때 어떻게 해야 할지 말해 줄 사람이 필요하다.

자신의 기도생활에 수시로 영적 인도자의 감독을 받는 것은 대단히 유익한 일이다. 이 엄격한 의미에서 영적 지도자란 상담자나 치유자나 분석가가 아니라 성숙한 동료 그리스도인이다. 신앙생활에 책임을 다하도록 나를 점검해 줄 사람이다. 삶 속에서 하나님의 능동적 임재를 분별하려는 내 끊임없는 씨름을 기도로 이끌어 줄 사람이다. 영적 지도자란 '영혼의 친구' 또는 '영적 친구'라 할 수 있다. 중요한 것은 그 사람이 교회와 성경의 훈련을 실천하며 하나님의 음성을 듣는 공간에 익숙한 자라야 한다.

영적 지도자와의 관계는 나의 필요, 성격, 외적 상황에 따라 크게 좌우된다. 영적 지도자를 격주나 매달 단위로 정기적으로 만나고 싶어하는 사람들이 있는가 하면, 필요할 때만 연락하는 정도로 만족하는 사람들도 있다. 영적인 지도자와 좀 더 폭넓게 얘기할 필요를 느끼는 사람들도 있고 가끔 한번씩 만나 잠깐 얘기하는 것으로 족한 사람들도 있다. 본질은, 한 그리스도인이 다른 그리스도인을 도와 두려움 없이 하나님의 임재 안에 들어가 거기서 하나님의 소명을 분별하게 해주는 것이다.

1970년대는 기도학교의 풍부한 전통을 되찾을 수 있는 귀한 기회인지 모른다. 사막의 교부들로부터 아빌라의 테레사Teresa of Avila, 이블린 언더힐Evelin Underhill, 토머스 머튼에 이르기까지 모든 영성 작가들은 기도하는 삶의 위대한 능력과 핵심적 중요성을 강조

했다…….

그것이 사실이라면, 기도에 감독과 지도가 필요하다는 것은 자명하다. 내담자들과의 대화 녹취록 보고가 상담자의 대인관계의 민감성 개발에 도움이 되듯이 신앙생활의 지속적 평가는 우리를 하나님과 더 가까워지게 한다. 인간간의 만남에 나타나는 사랑과 관심의 표현방식에 대해서도 연구를 망설이지 않을진대 모든 인간관계의 근원이자 목표이신 하나님과의 관계에 면밀한 관심을 쏟는 일을 마다할 이유가 무엇이겠는가?

본향 여정을 위한 훈련

본향에 가는 길은 평생의 여정이다. 우리의 어느 한 부분은 언제나 방황하며 쾌락을 일삼거나 원한에서 헤어나지 못한다. 언제인지 알기도 전부터 우리는 정욕의 공상이나 웅어리진 분노에 이미 길 잃은 자이다. 그렇게 길 잃은 모습이 종종 밤중의 꿈이나 백일몽으로 되살아나곤 한다.

기도, 금식, 돌봄 같은 영적 훈련은 우리를 집으로 돌아가도록 돕는 방편이다. 본향을 향해 걸으면서 우리는 그 길이 얼마나 먼지 새삼 깨닫곤 한다. 그러나 우리는 낙심해서는 안된다. 예수님이 우리의 여정에 동행하시며 우리와 말씀하신다. 귀기울여 들을 때 우리는 여정 중에 이미 집에 와 있음을 깨닫는다.

끊임없는 기도

그 기도는 평생 나를 인도하시는
하나님의 영의 능동적 임재가 되었다.
「마음의 길」

우리의 모든 생각이……
하나님의 임재 안에서 이루어질 수 있을 때
기도는 끊임없는 기도가 될 수 있다.
「로마의 어릿광대」

삶의 전부인 기도

기도를 생각할 때 우리는 대개 기도를 온전하고 성숙한 그리스도인의 삶을 살기 위해 우리가 해야 할 많은 일들 중 하나로 생각한다.…… 기도가 중요하다는 확신에 불탈 때면 매일 한 시간씩, 매달 하루씩, 매년 한 주간씩 온전히 기도에 내어줄 의향까지 있다. 이렇게 기도는 우리 삶의 한 부분, 아주 중요한 부분이 된다.

그러나 사도 바울이 기도를 말할 때 사용한 표현은 사뭇 다르다. 그가 말하는 기도는 삶의 일부가 아니라 삶의 전부다. 그가 말하는 기도는 애써 잊지 말아야 할 것이 아니다. 그는 기도를 우리의 지속적 관심사라고 주장한다. 그는 독자들에게 어쩌다 한 번씩이나 정기적으로 또는 자주 기도하라고 권하지 않는다. 무시로, 끊임없이, 쉬지 말고 기도하라고 단호하게 가르친다. 바울은 하루 중 일부를 기도로 보내라고 명하지 않는다. 바울의 말은 그보다 훨씬 근본적이다. 그는 우리에게 밤에나 낮에나, 기쁠 때나 슬플 때나, 일할 때나 놀 때나, 쉬지 않고 중단 없이 기도하라고 권한다. 바울에게 기도란 호흡 같은 것이다. 호흡을 중단하면 목숨이 위태로울 수밖에 없다.

하나님과의 두려움 없는 대화

바울의 가르침대로 끊임없이 기도한다는 것이 쉬지 않고 하나님만 생각한다는 의미라면 그것은 절대 불가능할 것이다.…… 내 생각에 기도한다는 것은 딴 생각들을 버리고 하나님만 생각한다든지,

다른 사람들과 시간을 보내지 않고 하나님과만 시간을 보낸다는 뜻이 아니다. 그보다 기도란 하나님의 임재 안에서 생각하고 산다는 뜻이다. 우리의 생각을 하나님에 대한 생각과 사람들과 사건들에 대한 생각으로 구분하기 시작하는 순간, 우리는 자신의 일상생활로부터 하나님을 몰아내는 것이다. 경건한 것만 생각하고 경건한 기분만 느끼는 작은 경건한 진열장 속으로 말이다.

하나님만을 위한 시간을 따로 떼어 내는 것은 영적인 삶에 중요하고도 반드시 필요한 일이지만, 그럼에도 불구하고 우리의 모든 생각―멋진 생각, 흉한 생각, 고상한 생각, 저질인 생각, 교만한 생각, 창피한 생각, 슬픈 생각, 기쁜 생각―이 하나님의 임재 안에서 이루어질 수 있을 때에만 기도는 끊임없는 기도가 될 수 있다. 이렇듯 끊임없는 생각이 끊임없는 기도로 바뀔 때 우리는 자기 중심적 독백에서 하나님 중심의 대화로 나아갈 수 있다…….

끊임없이 기도한다는 것은, 자신의 모든 생각을 두려운 고립 상태에서 하나님과의 두려움 없는 대화로 옮겨 오는 것이다. 예수님의 삶은 하나님 아버지의 임재 안에 사신 삶이다. 예수님은 아버지 앞에 숨긴 것이 없었다. 하나도 없었다. 예수님은 기쁨과 두려움과 희망과 절망을 언제나 아버지와 나누셨다.

기도란 내성內省이 아니다. 꼼꼼히 내면을 살펴 자신의 생각과 감정을 분석하는 것이 아니다. 기도란 우리를 끊임없는 대화로 부르시는 그분께 정성스레 마음을 드리는 것이다. 기도는 모든 생각―묵상은 물론 공상이나 밤중의 꿈까지―을 사랑의 아버지께 내어드리는 것이다. 하나님이 보시고 거기에 당신의 긍휼로 반응하실 수 있도록 말이다. 기도는 하나님이 내 마음과 뜻을 아시며 그분께 숨겨진 것이 아무것도 없다는 사실을 기쁨으로 인정하는 것이다. 시편 139편의 고백이 기도다.

> 여호와여, 주께서 나를 감찰하시고 아셨나이다.
> 주께서 나의 앉고 일어섬을 아시며
> 멀리서도 나의 생각을 통촉하시오며
> 나의 길과 눕는 것을 감찰하시며
> 나의 모든 행위를 익히 아시오니(1-3절).
>
> 하나님이여, 나를 살피사 내 마음을 아시며
> 나를 시험하사 내 뜻을 아옵소서.
> 내게 무슨 악한 행위가 있나 보시고
> 나를 영원한 길로 인도하소서(23-24절).

기도는 우리의 모든 정신 과정의 근본적 변화다. 기도를 통해 자신에게서―나의 염려, 집착, 자기만족에서―벗어나, 내 것인 줄 알았던 모든 것을 하나님께 내어드리기 때문이다. 하나님의 사랑으로 모든 것이 새롭게 된다는 단순한 믿음으로 말이다.

그러나 끊임없는 생각에서 끊임없는 기도로 옮겨 가는 이 변화는 절대 쉽지 않다. 우리 안에는 벌거벗고 연약하며 완전 무방비인 상태가 되지 않으려는 깊은 저항이 있다. 한편으로는 하나님을 사랑하고 하나님을 예배하기 원하지만, 동시에 내면생활의 작은 한 모퉁이를 내 것으로 지키고 싶어하는 마음도 있다. 숨어서 은밀한 생각을 즐길 수 있는 곳, 나만의 꿈을 꿀 수 있는 곳, 내 정신적 작품을 갖고 놀 수 있는 곳이다. 우리는 언제나 하나님과의 대화에 가지고 갈 생각을 잘 고르고 싶은 유혹을 느낀다.

우리를 그토록 인색하게 하는 것은 무엇일까? 우리 마음과 생각 속에 지나가는 모든 것을 하나님이 수용하실 수 있을지 걱정될 수도 있다. 하나님은 내 가증한 생각과 잔인한 공상과 부끄러운 꿈을 받아들이실 수 있을까? 하나님은 내 유치한 상상과 교만한 착각과 머리 속의 허황한 모래성을 소화하실 수 있을까? 사실은 내 쪽에서 즐거운 상상과 자극적 공상을 놓치고 싶지 않은 것은 아닐까? 주님께 보여드리면 포기해야 될지도 몰라 두려워서 말이다. 이렇게 우리는 끊임없이 두려움이나 욕심 때문에 내성에 집착하고 싶은 유혹을 느낀다. 정작 하나님의 치유의 손길이 가장 필요한 부분을 그분께 내어드리지 않으려고 하는 것이다.

하나님과 함께하는 무용한 시간

세상을 유용성과 실용성의 관점에서만 본다면 세상을 통해 말씀하실 수 있는 하나님을 완전히 놓칠 수도 있다. 가끔씩 무용한 시간을 갖는 것이 아주 중요하다. 기도란 다른 일들로 바쁘지 않은 대신 하나님과 바쁜 것이 아니다. 기도란 일차적으로 무용한 시간이다.…… 기도란 일차적으로 하나님의 임재 안에서 아무것도 하지 않는 것이다. 기도는 유용해지지 않는 것이다. 그리하여 내 삶에 중요한 일이 벌어진다면 그것을 하시는 분은 하나님이시라는 사실을 스스로 일깨우는 것이다. 그러므로 하루를 맞이할 때 나는 내 일에 결실을 맺으시는 분이 하나님이시라는 확신에서 출발하며, 따라서 통제자가 나인 것처럼 행동할 필요가 없다. 물론 나는 열심히 일하고 내 본분을 다해야 한다. 하루를 마감할 때마다 "뭔가 좋은 일이 생기면 주님께 영광을 돌리자"고 말해야 한다. 그러나 그러기 위해서는 따로 시간을 떼어 하나님 앞에 있어야만 하는데 그것이 쉽지 않다.

단순한 기도의 길

머리에서 가슴으로 옮겨가는 한 가지 단순한 길은 하나의 기도문을 최대한 집중하여 천천히 말하는 것이다. 부러진 다리를 고쳐 달라는 사람한테 목발을 내주는 것처럼 보일지 모른다. 그러나 여기 진리가 있다. 마음으로 드리는 기도는 반드시 치유를 가져온다. 주기도문이나 사도신경이나 '아버지께 영광'을 아는 자라면 이미 출발점을 가진 셈이다. 시편 23편 "여호와는 나의 목자시니……"나, 바울이 고린도 교인들에게 준 사랑에 관한 말이나, 성 프란체스코의 기도 "주여, 나를 평화의 도구로 써 주소서……"를 암송하는 것도 좋다. 침대에 누워서나 차를 운전할 때나 버스를 기다릴 때나 개와 산책할 때, 그 기도들 중 하나를 천천히 마음에 되새길 수 있다. 단순히 그 기도의 내용을 내 전 존재를 다해 듣는 것이다. 온갖 염려가 쉬지 않고 마음을 어지럽히겠지만, 계속 기도의 표현으로 다시 돌아간다면 점차 염려가 위력을 잃으면서 정말 기도를 즐기는 자신을 발견하게 될 것이다. 이렇게 기도가 머리에서 내 존재의 중심으로 내려오면서 우리는 기도의 치유력을 체험하게 된다.

항거할 수 없는 듯한 힘들, 나를 덮쳐 발끝부터 쓸어가려는 물결이 사방에서 공격해 올 때 어떻게 해야 될지 난감할 것이다. 그 물결은 거부당한 기분, 잊혀진 기분, 오해받는 기분이 모여 생겨날 때도 있다. 분노와 원한과 복수심과 자기연민과 자기거부로 이루어진 물결도 있다. 이런 물결이 밀려올 때 우리는 부모에게 버림받은 무력한 아이가 된 심정이다.

어떻게 할 것인가? 의식적 선택이 필요하다. 내 불안한 마음의 초점을 물결에서 떼어, 그 물결 위를 걸으시며 "내니 두려워 말라"(마 14:27, 막 6:50, 요 6:20)하고 말씀하시는 분께 향하기로 결단하는 것이다. 시선을 계속 그분께 돌리라. 그분이 마음에 평안을 가져다주실 것을 계속 믿으라. 그분을 보며 "주여, 불쌍히 여겨 주소서"라고 말하라. 그 말을 몇 번이고 되풀이하라. 불안한 마음에서가 아니라, 그분이 내 곁에 가까이 계시며 내 영혼에 쉼을 주신다는 확신으로 그리하라.

예수님을 마음에 그린다

묵상기도란 집중하여 하나님을 바라보는 기도다. 하나님을 보고는 살 자가 아무도 없는데 어떻게 그것이 가능할까? 성육신의 신비는 예수 그리스도 안에서, 예수 그리스도를 통해 하나님을 볼 수 있게 되었다는 것이다. 그리스도는 하나님의 형상이다. 그리스도 안에서, 그리스도를 통해 우리는 하나님이 사랑의 아버지이심을 안다. 그 아들을 봄으로 그분을 볼 수 있다.…… 그러므로 묵상기도는 하나님의 형상인 그리스도를 보는 것이다.…… 우리는 마음속에 의식, 무의식적으로 생겨나는 모든 영상을 하나님의 유일한 형상인 예수님께 복종시켜야 한다. 묵상기도란 그리스도를 마음에 그리는 것, 그분을 우리의 의식 속에 온전히 들어오시게 하는 것이라고 표현할 수 있다. 그럴 때 그분은 우리의 골방에 상존하는 아이콘이 된다. 사랑의 시선으로 그리스도를 봄으로써 우리는, 그분이 아버지께 가는 길이라는 말의 의미를 머리와 가슴으로 깨닫는다. 예수님은 아버지를 보신 유일한 분이다. 예수님은 말씀하신다. "이는 아버지를 본 자가 있다는 것이 아니라 오직 하나님에게서 온 자만 아버지를 보았느니라"(요 6:46). 예수님의 전 존재는 영원히 아버지를 보고 계신다. 예수님의 삶과 사역은 아버지에 대한 막힘 없는 묵상이다. 그러므로 우리에게 묵상이란 언제나 예수님을 더 깊이 마음에 그리는 것이다. 그럴 때 우리는 그분 안에서, 그분을 통해, 그분과 함께 아버지를 볼 수 있으며 하나님의 임재 안에 살아갈 수 있다.

하나님의 길은 기도를 통해서만 깨달을 수 있다. 네 안에서 말씀하시는 하나님의 음성을 들을수록 그 음성이 너를 예수님의 길을 따르도록 부르는 것을 알게 될 것이다. 예수님의 길은 하나님의 길이요 하나님의 길은 예수님만 위한 것이 아니라 진심으로 하나님을 구하는 모든 자들을 위한 것이기 때문이다. 여기서 우리는 엄연한 진리를 발견하게 된다. 예수님의 내려가는 길은 곧 하나님을 찾는 우리의 길이기도 하다는 것이다. 예수님은 조금도 주저 없이 그 점을 분명히 밝혀 주신다. 광야에서 40일 금식을 마치고 첫 제자들을 부르신 후 곧 그분은 이렇게 말씀하신다.

> 심령이 가난한 자는 복이 있나니……
> 애통하는 자는 복이 있나니……
> 온유한 자는 복이 있나니……
> 의에 주리고 목마른 자는 복이 있나니……
> 긍휼히 여기는 자는 복이 있나니……
> 마음이 청결한 자는 복이 있나니……
> 화평케 하는 자는 복이 있나니……
> 의를 위하여 핍박을 받은 자는 복이 있나니…….

예수님은 지금 자화상을 그리신다. 그리고 제자들에게도 당신을 닮으라고 하신다. 그분의 말씀은 마지막까지 늘 이런 식이다. 예수님은 당신과 제자들을 결코 구분하지 않으신다. 그분의 슬픔은 그들의 슬픔이 될 것이다. 그분의 기쁨을 그들도 맛볼 것이다. 그분은 말씀하신다. "사람들이 나를 핍박하였은즉 너희도 핍박할 터이요 내 말을 지켰은즉 너희 말도 지킬 터이라." 그분이 말씀하시듯 그들도 말해야 한다. 그분이 행동하시듯 그들도 행해야 한다. 그분이 고난받으시듯 그들도 고난받아야 한다. 모든 일에 예수님은 그들의 선례다. 아니 그 이상이다. 그분은 그들의 모델이다.

하향 이동의 길

기도란 하나님의 창조적 사랑이 우리 존재의 가장 은밀한 곳까지 만지게 하는 것이요, 예수님의 십자가의 길—그분의 하향 이동의 길—이 진정 나의 길이 되게 하는 것이다. 기도란 예수의 영의 내적 움직임을 분산되지 않은 집중된 마음으로 듣는 것이다. 성령이 우리를 가고 싶지 않은 곳으로 데려가실 때도 말이다…….

정말 안타까운 마음으로 말하거니와 우리는 상향 이동 사회에 살고 있다. 누구나 어떻게든 정상에 오르려 애쓰는 사회다. 사실 우리는 하나님의 말씀마저도 상향 이동의 보조수단으로 사용하려고 할 때가 있지 않은가? 그러나 그것은 하나님의 길이 아니다. 성부, 성자, 성령의 길이 아니다. 하나님의 길은 상향 이동이 아니라 하향 이동의 길이다. 우리가 잘 알고 있는 사실이 있다. 마지막 날 우리가 들을 질문은 "너는 평생 돈을 얼마나 벌었느냐? 친구를 몇 명이나 사귀었느냐? 직업으로 얼마나 출세했느냐?"가 아니다. 우리에게 들려올 질문은 이것이다. "나의 지극히 작은 자들을 위해 네가 한 일은 무엇이냐? 네 도시의 외로운 이들, 네 나라의 죄수들, 네 국경 내의 저 아래쪽 난민들, 전세계의 굶주린 이들을 위해 무엇을 했느냐? 너는 가난한 자들의 얼굴에서 굴욕당하신 그리스도를 보았느냐?"

하나님이 자신을 계시하려고 택하신 길은 십자가에 달린 인간의 모습이다. 매우 깨닫기 어려운 사실이다. 그러나 모든 진정한 기도는 궁극적으로 우리를 그 자리로 데려간다. 우리는 하나님께 당신의 방법으로 진정 우리를 사랑하실 기회를 드려야 하며 거기에 자신의 전 존재로 온전히 반응해야 한다. 하지만 우리는 그것을 망설인다. 우리의 그런 성향에 다른 이들도 나와 공감할 수 있었으면 좋겠다.

영혼의 눈을 떠서
사막의 교부들은…… 기도에 대해 아주 총체적인 견해를 제시한다. 그들은 우리를 지식적 기도의 차원에서 벗어나게 한다. 그 경우 하나님은 우리가 다뤄야 할 많은 문제들 중 하나일 뿐이다. 진정한 기도란 우리 영혼의 골수로 파고들어 모든 것을 만지고 지나간다는 사실을 그들은 보여준다. 마음의 기도란, 하나님과의 관계를 재미있는 말이나 경건한 감정으로 국한시킬 수 없는 기도다. 그런 기도는 본질상 우리의 전 존재를 그리스도의 모습으로 변화시킨다. 영혼의 눈을 떠서 하나님의 진실은 물론 자신의 진실을 보게 하기 때문이다. 마음속에서 우리는 자신을 하나님의 자비로운 품에 안긴 죄인으로 보게 된다. 그것을 볼 때 비로소 우리는 이렇게 부르짖는다. "살아 계신 하나님의 아들 주 예수 그리스도여, 이 죄인을 불쌍히 여겨 주소서." 마음의 기도는 하나님께 전혀 숨기는 것 없이 자신을 무조건 하나님의 자비에 내어드리는 기도다.

예수님 기도

예수님 기도란 "주 예수 그리스도여, 저를 불쌍히 여겨 주소서"라는 단순한 말로 이루어진 기도다. 예수님 기도의 풍요로움을 이해하는 데는 무명의 한 러시아 농부의 놀라운 사연을 듣는 것보다 간명하고 생생한 길은 없을 것이다. 광활한 시골 들판을 걷던 농부는 예수님 기도의 신기한 열매를 발견하며 깊은 경이와 내적 기쁨을 맛보았다. 그의 사연이 「순례자의 길 *The Way of the Pilgrim*」에 나와 있다. 이 책은 그 농부가 길가다 만난 한 러시아 수사가 기록한 것으로 알려져 있다…….

「순례자의 길」은…… 이렇게 시작된다. "하나님의 은혜로 나는 그리스도인이 되었지만 내 행동을 보면 중죄인이다.…… 오순절이 지나고 스물네 번째 주일날, 나는 교회에 가 예배시간에 기도드렸다. 사도 바울이 데살로니가 교인들에게 보낸 첫 번째 편지를 읽고 있었다. 다른 말씀 중에서도 특히 "쉬지 말고 기도하라"

(살전 5:17)는 말씀이 들려왔다. 어떤 구절보다도 그 구절이 내 마음에 파고들었다. 사람이란 먹고 살려면 다른 일에도 신경 써야 하는데 어떻게 쉬지 않고 기도할 수 있을까 하는 생각이 들었다."[2]

농부는 이 교회 저 교회 찾아가 설교를 들었지만 원하던 대답을 찾지 못했다. 마침내 그는 어느 거룩한 교리 교사를 만났다. 그는 농부에게 이렇게 말했다. "내면의 쉬지 않는 기도란 인간의 심령이 끊임없이 하나님을 갈망하는 것입니다. 큰 위안이 되는 이 기도를 제대로 익히려면 쉬지 않고 기도하는 법을 가르쳐 달라고 하나님께 더 자주 기도해야 합니다. 더 기도하십시오. 더 간절히 기도하십시오. 당신에게 쉬지 않고 기도하는 법을 가르쳐 주는 것은 바로 기도 자체입니다. 단, 시간이 걸릴 것입니다."[3]

그러면서 거룩한 교리 교사는 농부에게 예수님 기도를 가르쳐 주었다. "주 예수 그리스도여, 저를 불쌍히 여겨 주소서." 순례자로 러시아를 돌면서 농부는 이 기도를 입으로 수도 없이 되풀이한다. 예수님 기도를 자신의 참 길동무라 생각할 정도이다. 그러던 어느 날, 그는 기도가 저절로 입술에서 가슴으로 옮겨 가는 것을 느낀다. 그는 말한다. "평상시처럼 내 심장이 박동할 때마다 그 기도를 말하는 것 같았다.…… 나는 이제 입술로 그 기도를 말하는 것을 그만두었다. 그저 내 마음이 하는 말을 주의 깊게 들었다."[4]

여기서 우리는 끊임없는 기도에 도달하는 또 다른 길을 배운다. 내가 다른 사람들과 대화중이거나 손으로 작업에 몰두하고 있을 때라도 그 기도는 내 안에서 기도를 계속한다. 그 기도는 평생 나를 인도하시는 하나님의 영의 능동적 임재가 되었다.

하나님의 임재 연습

끊임없는 기도란, 단지 한 소박한 러시아 농부의 특별한 수확이 아니라 모든 그리스도인에게 주어진 현실적 소명이다. 그것은 분명 단순히 바란다고 저절로 주어지거나 어쩌다 한 번의 기도로 쉽사리 얻어지는 생활방식이 아니다. 그러나 진지한 자세로 적절한 훈련에 힘쓸 때 우리는 날마다 하나님께 더 가까워지는 진정한 삶의 변화를 볼 것이다. 영원불변의 마음 상태라는 의미로서 끊임없는 기도에 도달한다는 것은 말할 것도 없이 불가능하다. 그럼에도 불구하고 우리는, 자신을 어지럽히던 많은 방해 생각들이 하나님을 향한 지속적 찬양으로 바뀌는 것을 볼 것이다. 아들을 통해 아버지의 아름다움이 점점 선명히 보임에 따라 우리는 피조물들이 더 이상 자신을 산만케 할 수 없음을 깨닫는다. 반대로 피조물들은 여러 모양으로 하나님을 말해 줄 것이다. 그때 우리는 기도란 모든 시간 모든 장소에서 끊임없이 하나님의 임재를 연습하는 것, 그 이상도 이하도 아님을 깨닫게 된다.

마음의 기도

머리와 가슴이 공히 하나님의 임재 안에 서는 것, 그것이 마음의 기도의 본질이다.…… 기도가 단지 지식의 작용이라면 우리는 곧 하나님과 무익하고 시시한 내적 변론에 빠져들 것이다. 반면에 기도가 가슴으로만 된다면 우리는 곧 좋은 기분을 좋은 기도로 착각할 것이다. 그러나 가장 깊은 의미에서 마음의 기도란, 하나님의 친밀한 사랑 속에서 머리와 가슴이 만나는 것이다.

순례자가 말한 것이 바로 이 기도다. 당대의 영적 교부들의 심오한 지혜를 자기만의 운치 있고 풋풋한 스타일로 표현한 셈이다. "주 예수 그리스도여, 저를 불쌍히 여겨 주소서"라는 표현 속에 모든 기도가 강하게 압축되어 있다. 이 기도는 우리를 위해 사시고 죽으시고 부활하신 하나님의 아들 예수님께 드리는 기도다. 이 기도는 그분을 그리스도, 기름 부음받은 자, 메시아, 우리가 기다려 온 분으로 선포한다. 이 기도는 그분을 우리 주님, 몸과 마음과 영혼과 생각과 감정과 행동을 하나도 빠뜨리지 않은 우리 전 존재의 주님으로 부른다. 이 기도는 우리의 죄성을 인정하고 그분의 용서와 자비와 긍휼과 사랑과 선대를 겸손히 간구함으로써, 그분과의 가장 깊은 관계를 고백한다.[5]

하나님과 친밀한 관계에 이르는 자기 나름의 길을 찾는 현 시대 그리스도인들에게 마음의 기도는 특별한 길잡이가 될 수 있다. 이전 어느 때보다도 우리는 급변하는 세상 속에 방황하는 이방인이 된 심정이다. 그러나 우리는 세상을 도피할 생각은 없다. 오히려 세상의 격랑 속에 허우적대지 않으면서 온전히 세상의 일부가 되고 싶다. 내적 분열로 기능이 마비되지 않으면서 주변에서 벌어지는 모든 일을 맑은 정신으로 수용하고 싶다. 우리를 새 나라로 부르시는 분과 교류를 잃지 않으면서 이 눈물 골짜기를 눈뜨고 통과하고 싶다. 하나님의 친밀하신 사랑에 견고히 뿌리내린 채로, 우리가 길가다 만나 따뜻하게 머물 곳을 청해야 할 모든 이들을 긍휼로 대하고 싶다.

마음의 기도는 우리에게 하나의 가능한 길을 보여준다. 사실 마음의 기도란 일상의 많은 파도 밑에서 끊임없이 속삭이는 시냇물 같은 것이다. 세상에 속하지 않으면서도 세상 안에 살아가며, 고독의 한복판에서 우리 하나님께 발돋움할 수 있는 가능성이 거기서 열린다.

하나님 나라는 너희 안에 있다

마음의 기도를 익히려면 무엇보다 하나님을 나의 유일한 생각으로 삼아야 한다. 산만한 생각과 걱정과 염려와 집착은 일절 떨쳐 버리고 오직 하나님만으로 마음을 채워야 한다는 뜻이다. 예수님 기도는 하나님이 아닌 모든 것으로부터 우리 마음을 살며시 비워 모든 공간을 하나님 한분께만 내어드리도록 돕기 위한 것이다. 다른 모든 기도문도 마찬가지다. 그러나 거기서 끝나지 않는다. 자신의 내적 존재의 중심에서 그 빈 공간을 짚어 낼 수 있을 때 우리의 기도는 마음의 기도가 된다. 그곳은 하나님으로 충만한 머리가 가슴으로 내려가 자취를 감추는 곳이다. 생각과 감정, 지식과 체험, 개념과 정서의 구분이 사라지는 곳이다. 하나님이 우리의 주인이 되실 수 있는 곳이다.

예수님은 "하나님의 나라는 너희 안에 있느니라" 하고 말씀하셨다(눅 17:21). 마음의 기도는 이 말씀을 진지하게 받아들인다. 머리의 생각과 가슴의 체험을 모두 비울 때 우리는 자신의 가장 깊은 존재의 중심에 하나님이 거하실 집을 마련할 수 있다. 그분은 우리 안에 거하기 원하신다. 그럴 때 우리는 사도 바울과 함께 "그런즉 이제는 내가 산 것이 아니요 오직 내 안에 그리스도께서 사신 것이라"(갈 2:20)라고 고백할 수 있다. 그럴 때 우리는 "은혜란 체험에서 구원받는 체험이다"라고 한 마르틴 루터의 말에 수긍할 수 있다. 그럴 때 우리는, 기도하는 자는 우리가 아니라 우리 안에서 기도하시는 하나님의 영임을 깨달을 수 있다.

변화 산과 겟세마네

기도란…… 달콤하고 쉬운 것과는 거리가 멀다. 우리의 가장 큰 사랑의 표현인 기도는 결코 우리의 고통을 막아 주지 않는다. 오히려 기도는 우리에게 더 큰 고통을 가져다준다. 하나님을 향한 우리의 사랑은 고통당하시는 하나님을 향한 사랑이며, 우리가 하나님과 나누는 친밀함은 인간의 모든 고통을 하나님의 긍휼로 품는 친밀함이기 때문이다. 우리의 기도가 마음의 기도가 된 정도만큼 우리는 더 많이 사랑하고 더 많이 고통당하고, 더 많은 빛과 더 많은 어두움과 더 많은 은혜와 더 많은 죄를 보며, 하나님과 인간을 더 깊이 알게 된다. 가슴으로 내려가 거기서 하나님께 발돋움한 정도만큼 고독은 고독에 말하고 깊음은 깊음에 말하고 가슴은 가슴에 말할 수 있다.

바로 거기가 사랑과 고통이 공존하는 곳이다.

예수님은 절친한 친구인 베드로, 요한, 야고보를 불러 자신의 가장 친밀한 기도를 공유하신 적이 두 번 있다. 첫 번째는 그들을 다볼 산 정상으로 데리고 가셨을 때다. 거기서 그들은 그분의 얼굴이 해처럼 빛나고 그분의 옷이 빛처럼 희어진 것을 보았다(마 17:2). 두 번째는 그들을 겟세마네 동산으로 데리고 가셨을 때다. 거기서 그들은 그분의 괴로운 얼굴과 땀이 땅에 핏방울처럼 떨어지는 것을 보았다(눅 22:44). 마음의 기도는 우리를 다볼 산과 겟세마네로 모두 데려간다. 하나님의 영광을 본 자들은 하나님의…… 고통도 볼 것이요, 하나님의 흉측한 모욕을 느낀 자들은 그분의 아름다운 변화도 체험할 것이다.

우주를 끌어안는 마음

마음의 기도는…… 우리의 모든 관심사를 끌어안는다. 머리에서 가슴으로 내려가 거기서 하나님의 임재 안에 설 때 우리의 모든 정신적 염려는 기도가 된다. 마음의 기도를 통해 생각 속의 모든 것이 기도로 바뀌는 것이다. 정확히 그것이 마음의 기도의 위력이다.

사람들에게 "기도해 드리겠습니다" 하고 말하는 것은 아주 중대한 약속이다. 안타깝게도 이 말은 선의의 관심의 표현에 지나지 않을 때가 많다. 그러나 머리에서 가슴으로 내려가는 법을 배우면, 우리 삶을 스쳐간 모든 사람들이 하나님의 치유의 임재에 이끌려 들어와 우리 존재의 중심에서 하나님의 만지심을 입는다. 이것은 감히 말로 표현할 수 없는 신비다. 존재의 중심인 우리의 마음이…… 하나님 자신의 마음으로 변화되는 신비다. 그분의 마음은 온 우주를 품을 만큼 큰마음이다. 기도를 통해 우리는 인간의 모든 고통과 슬픔, 모든 갈등과 고뇌, 모든 고문과 전쟁, 모든 굶주림과 외로움과 불행을 자신의 마음에 품을 수 있다. 심리적·정서적 역량이 대단해서가 아니라, 하나님의 마음이 우리의 마음과 하나가 되었기 때문이다.

공동체

믿음의 공동체야말로 모든 기도의 기후요 근원이다.
「영적 발돋움」

많은 사람들이 기도를 타인과 분리된 행위로 보는 경향이 있으나 진정한 기도는 우리를 동료 인간들과 더 가까워지게 한다.
「긍휼」

믿음의 공동체

기도란 지극히 인격적인 것이며 우리 삶의 중심에서 일어나는 것이기에 반드시 다른 사람들과 나눠야 한다. 기도란 인간으로 존재한다는 것의 가장 소중한 표현이기에 공동체의 끊임없는 지원과 보호가 있어야만 자라서 꽃필 수 있다. 기도란 세심한 관심과 충실한 인내가 필요한 지고의 소명이기에 그냥 사적인 문제로 두어서는 안된다. 기도란 참고 기다리며 기대해야 하는 것이기에 지극히 개인적 감정의 지극히 개인적 표현이 되어서는 안되며 언제나 자신이 속한 공동체생활에 뿌리박고 있어야 한다.

희망과 기쁨으로 하나님을 기다리는 기도는 혼자 기다릴 필요가 없음을 깨닫기 전에는 사실상 비인간적 내지 초인간적인 일이다. 믿음의 공동체 안에서 우리는 기도를 지탱하고 심화시켜 줄 기후와 지원을 찾을 수 있다. 자신의 즉각적 필요와 편협한 개인적 필요를 벗어나 늘 더 넓은 세상을 내다볼 수 있다. 믿음의 공동체는 우리의 가장 깊은 갈망들을 들을 수 있는 보호 울타리가 되어 준다. 생명 없는 내성(內省)에 빠지기 위해서가 아니라 그 갈망들이 가리키는 하나님을 발견하기 위해서이다. 믿음의 공동체에서 우리는 자신의 외로운 감정, 포옹과 입맞춤에 대한 욕망, 성적 충동, 동정과 긍휼이나 단순히 좋은 말 한 마디에 대한 갈증을 들을 수 있다. 깨달음의 추구, 동반자와 우정에 대한 희망도 들을 수 있다. 믿음의 공동체에서 우리는 이 모든 갈망을 들으며 용기를 얻을 수 있다. 그런 갈망을 피하거나 덮어 버리는 것이 아니라 떳떳이 부딪침으로써,

그 안에서 하나님의 임재를 분별하는 것이다. 거기서 우리는 서로를 인정하며 기다릴 수 있다. 기다림 속에서 하나님과의 친밀함을 처음 얻는다는 사실도 깨닫는다. 거기서 우리는 인내로 함께 있을 수 있다. 매일의 고통을 통해 자신의 잘못된 환상을 통회의 기도로 바꿀 수 있다. 믿음의 공동체야말로 모든 기도의 기후요 근원이다.

하나님을 보여주는 모자이크

공동체란 전혀 달콤하고 쉬운 것이 아니다. 공동체란 자신의 기쁨과 슬픔을 숨기지 않고 희망의 몸짓으로 그것을 서로에게 내보이는 사람들의 교제다. 공동체 안에서 우리는 이렇게 말한다. "삶이란 득실과 희비와 기복의 연속이다. 하지만 우리는 그것을 혼자 당할 필요가 없다. 우리는 잔을 함께 들기 원하며 그리하여 혼자 살 때는 감당 못할 것 같은 개인생활의 상처가, 서로 돌보는 교제의 한 부분이 되면 오히려 치유의 근원이 된다는 진리를 만끽하기 원한다."

공동체란 거대한 모자이크 같은 것이다. 작은 조각만 보면 다 시시해 보인다. 한 조각은 밝은 빨간색인데 다른 조각은 차가운 파란색이다. 칙칙한 녹색도 있고 따뜻한 자주색도 있고 선명한 노란색도 있고 눈부신 금색도 있다. 귀해 보이는 것도 있고 평범해 보이는 것도 있다. 요긴해 보이는 것도 있고 쓸모 없어 보이는 것도 있다. 번듯해 보이는 것도 있고 가냘파 보이는 것도 있다. 각각의 돌로 본다면 서로 비교하며 멋과 가치를 따지는 것 외에는 달리 할 일이 별로 없다. 그러나 작은 돌들이 모두 한데 모여 커다란 그리스도의 얼굴을 보여주는 모자이크를 이룬다면 누가 감히 돌 하나하나의 중요성에 의문을 달 수 있겠는가? 가장 볼품없는 것일지라도 단 하나라도 없으면 얼굴이 온전할 수 없다. 한 모자이크 안에 함께 있을 때 작은 돌은 저마다 필수요소가 되어 하나님의 영광에 제몫을 담당한다. 그것이 공동체이다. 함께 이 세상에 하나님을 보여주는 작은 사람들의 모임인 것이다.

공동체로의 부르심

개인 간의 차이를 더 이상 경쟁의 근거로 보지 않고 오히려 풍요로운 공동생활에 기여할 요소로 인식할 때 우리는 비로소 공동체로의 부르심을 듣게 된다. 나이와 생활방식과 인종과 계급과 언어와 교육 수준이 각기 다른 사람들이 그리스도 안에서, 그리스도를 통해 함께 모여 세상에 하나님의 긍휼의 임재를 증거할 수 있다. 세상에는 공동의 이익단체들이 많이 있으며 그중 대부분은 뭔가를 변호하거나 옹호하기 위해 존재하는 것 같다. 이런 단체들은 종종 우리 사회에서 중요한 과업을 이룸에도 불구하고 기독교 공동체와는 본질이 다르다. 기독교 공동체를 형성할 때 우리는 경험, 지식, 문제, 피부색, 성별 따위가 같아서 모이는 것이 아니라 한 주님께 함께 부름 받았기 때문에 모이는 것이다. 하나님을 통해서만 우리는 서로를 갈라놓는 많은 다리를 이을 수 있다. 하나님을 통해서만 우리는 서로를 같은 인간가족의 일원으로 인식할 수 있다. 하나님을 통해서만 우리는 서로에게 진정 세심한 관심을 기울일 자유를 얻는다. 공동체로 함께 모인 이들이 긍휼하신 주님의 증인인 까닭이 거기에 있다. 서로 짐을 져 주고 서로 기쁨을 나누는 모습을 통해 이 세상에 하나님의 임재를 증거하는 것이다.

기독교 공동체란…… 소속감뿐 아니라 거리감도 함께 창출하는 공동체다. 기독교 공동체 안에서 우리는 서로 이렇게 말한다. "우리는 함께 있지만 서로를 채워 줄 수는 없다.…… 우리는 서로 돕지만 우리의 운명이 공존 이상의 것임을 또한 서로 일깨워야 한다." 기독교 공동체의 지원은 공통된 기대 안에서의 지원이다. 그러려면 공동체를 안전한 쉼터나 편안한 패거리로 전락시키려는 이들을 끊임없이 비판해야 하며, 장차 올 세상을 고대하도록 서로 늘 격려해야 한다.

기독교 공동체의 기초는 혈연, 사회경제적 평등, 공통된 압제나 불만, 서로 끌리는 매력 따위가 아니라…… 하나님의 부르심이다. 기독교 공동체는 인간 노력의 산물이 아니다. 하나님은 우리를 이집트에서 새 땅으로, 광야에서 옥토로, 노예에서 자유로, 죄에서 구원으로, 포로에서 해방으로 불러내셔서 택한 백성 삼으셨다. 주도권이 하나님께 있으며, 하나님이 우리의 새로운 공동생활의 근원이라는 사실이 그 모든 단어들과 이미지 속에 잘 나타나 있다. 새 예루살렘으로 함께 부름받았기에 우리는 그 여정중에 서로를 형제자매로 인식한다. 그래서 하나님의 백성인 우리를 **에클레시아**라 부른다(이 단어는 헬라어로 '부르다'는 뜻의 'kaleo'와 '밖으로'라는 뜻의 'ek'가 모여서 된 것이다). 옛 세상에서 나와 새 세상에 들어가도록 부름받은 공동체라는 뜻이다.

기도는 공동체의 언어

기도는 공동체의 언어다.…… 공동체는 기도로 창출될 뿐 아니라 기도로 표현된다. 기도란 무엇보다 하나님의 백성 중에 거하시는 하나님의 임재를 인식하는 것이요, 그리하여 공동체 자체를 인식하는 것이다. 가장 분명히 눈에 띄는 것은 말과 몸짓과 침묵이다. 공동체는 그것을 통해 형성된다. 말을 들을 때 우리는 하나님의 구원 사역을 깨달을 뿐 아니라 공동체의 새로운 유대감을 경험한다. 제단에 둘러설 때, 떡을 떼고 포도주를 마실 때, 무릎꿇고 묵상할 때, 열 지어 걸을 때, 우리는 과거의 인간 역사에 나타난 하나님의 일을 기억할 뿐 아니라 지금 여기서 하나님의 창의적 임재를 느낀다. 함께 앉아 묵도할 때, 우리가 기다리고 있는 분이 이미 우리를 만지고 계심을 느낄 수 있는 공간이 생겨난다. 동굴 앞에 선 엘리야를 만지신 것처럼 말이다……(왕상 19:13).

공동체의 언어인 기도는 우리의 모국어와 같다. 아이들이 부모형제와 친구들한테서 말을 배우면서도 자기만의 표현방식을 개발하는 것처럼 우리의 개인기도 생활도 기도하는 공동체의 관심을 통해 개발된다. 어떤 구체적 기관을 가리켜 '나의 공동체'라 부른다는 것은 때로 어려운 일이다. 우리의 공동체는 무형의 실체일 때가 많다. 그것은 산 자들뿐 아니라 죽은 자들, 현존하는 이들뿐 아니라 부재자들, 가까운 이들뿐 아니라 멀리 있는 자들, 나이든 이들뿐 아니라 어린 자들로 이루어진다. 형태야 어찌됐든 공동체가 없으면 개인기도는 태어나거나 자라날 수 없다. 공동기도와 개인기도는 깍지낀 손처럼 서로 얽혀 있다. 공동체 없는 개인기도는 자기 중심적 기행으로 변질되기 쉽고, 개인기도 없는 공동체의 기도는 무의미한 기계적 의식이 되기 일쑤다. 개인기도와 공동기도를 분리하면 화를 면할 수 없다.

새로운 생활방식

긍휼의 삶이란 곧 공동체생활이다. 매사를 누가 큰가 하는, 개인적 영웅주의의 관점에서 생각하는 경향이 강한 우리는 이 사실을 깊이 묵상하는 것이 중요하다. 우리는 함께 살고 일하는 방식을 통해 긍휼이 풍성한 하나님의 임재를 세상에 증거한다. 사도들을 통해 처음 회심한 사람들은 자신의 회심을 스타의식의 개인적 실적을 통해 증거한 것이 아니라 새로운 공동체생활에 들어감으로써 표현했다. "믿는 사람들은 다 함께 지내며 모든 것을 서로 나누어 쓰고 재산과 물건을 팔아 각자의 필요에 따라 나누어 주었다. 그들은 한마음으로 날마다 성전에 모이기를 힘쓰고 집집마다 돌아가면서 성찬을 나누고 기쁨과 진실한 마음으로 함께 식사하며 하나님을 찬양하고 모든 사람에게 칭찬을 받았다"(행 2:44-47, 현대인의 성경). 하나님의 긍휼은 근본적으로 새로운 생활방식을 통해 증거되었다. 외부 사람들은 그런 삶의 모습에 너무 놀라고 감탄해서 "저들이 서로 사랑하는 모습을 보라"고 말했다.

긍휼의 삶은 그리스도와의 교제가 그분을 따르는 자들 사이에 새로운 교제로 나타나는 삶이다. 우리는 긍휼을 개인적 성취로 생각하는 경향이 너무 강해 긍휼의 공동체적 본질을 쉽게 망각한다. 예수 그리스도는 자신을 비워 우리같이 되시고 스스로 낮아져 십자가의 죽음을 받아들이셨다. 그분과의 교제에 들어설 때 우리는 서로간에도 새로운 관계에 들어서는 것이다. 그리스도와의 새로운 관계와 우리 서로간의 새로운 관계는 절대 분리할 수 없다. 그리스도와의 새로운 관계가 우리 서로간의 새로운 관계를 낳는다고 말하는 것으로 충분치 않다. 그보다 우리는, 그리스도의 마음은 우리를 공동체 안에 하나로 묶는 마음이라고 말해야 한다. 우리의 공동체생활은 그리스도의 마음을 표출하는 것이다.

긍휼과 공동체

그리스도를 따른다는 것은 그리스도의 마음으로 서로를 대한다는 뜻이다. 그리스도께서 우리를 대하신 것처럼 섬김과 겸손으로 서로를 대한다는 뜻이다. 제자도란 같은 길을 함께 걷는 것이다. 여전히 이 세상 **안에** 온전히 살고 있지만, 우리는 서로를 같은 길의 길동무로 발견하고 새로운 공동체를 이루었다. 여전히 세상의 힘에 영향 받으며 인간의 고뇌에 깊이 얽혀 있지만, 우리는 그리스도와의 공통된 교제로 인해 새 마음과 새 눈과 새 귀와 새 희망을 지닌 새 사람들이 되었다. 그러므로 긍휼은 공동체와 절대 분리될 수 없다. 긍휼은 언제나 공동체 안에서, 새로운 공존방식 속에서 그 모습을 드러낸다. 그리스도와의 교제는 곧 형제자매들과의 교제다. 기독교 공동체를 그리스도의 몸이라 부른 바울의 말 속에 그것이 가장 강력하게 표현되어 있다.

예수 그리스도의 임재는 기독교 공동체의 삶 속에 그 모습을 드러낸다. 그분의 주 되심은 순종의 섬김 속에 머문다. 바로 기독교 공동체 안에서 우리는 세상의 고통을 마음 열고 받아들이며 거기에 긍휼로 반응할 수 있다. 사람들이 그리스도의 이름으로 모이는 곳에 그분이 긍휼의 주님으로 임재하시기 때문이다(마 18:20). 예수 그리스도 자신이야말로 언제나 하나님의 긍휼의 가장 극단적 표출이다.

하나님의 무한한 사랑의 중재자

공동체란 사람들이 서로 주는 곳이다. 우리는 하나님은 아니지만 하나님의 무한한 사랑의 중재자가 될 수 있다(제한된 방식으로). 공동체는 기쁨과 축제가 있는 곳이요 서로 이렇게 말할 수 있는 곳이다. "힘내십시오. 주님이 세상을 이기셨습니다. 주님이 악한 자를 이기셨습니다. 두려워 마십시오." 그런 의미에서 승리는 이미 이루어졌다. 그것은 십자가의 승리다. 벌거벗은 몸으로 십자가를 지신 분의 승리다. 죽음에 대한 승리다. 사랑은 죽음보다 강하다. 공동체란 축제의 이유가 있음을, 기뻐할 일이 있음을, 환희의 제목이 있음을 너와 내가 세상에 항상 알리는 곳이다. 환희ecstasy라는 말의 어원 'exstasis'는 '정적靜的인 상태를 벗어난다'는 뜻이다. 우리의 환희는 죽음의 정적인 상태를 벗어난 환희다. 공동체는 세상에 기쁜 소식을 전하는 곳이다. "두려워 말라. 보라. 이미 이루어졌다. 그리스도가 부활하셨다."

공동체의 소명인 순종

순종이란 하나님께 귀기울이는 것이다. 우리는 순종이 다분히 공동체의 소명임을 알아야 한다. 공동체가 세상의 필요에 열린 마음으로 깨어 있는 것은 바로 끊임없는 기도와 묵상을 통해서다. 혼자 남는다면 우리는 금세 자신의 특정한 사역 형태나 스타일을 우상화하기 시작할 것이고 결국 우리의 섬김은 개인적 취미로 둔갑할 것이다. 그러나 꾸준히 함께 모여 하나님의 말씀을 들으며 우리 중에 계시는 그분의 임재를 누릴 때, 우리는 하나님이 인도하시는 음성에 깨어 있게 되며 편안한 곳을 벗어나 미지의 세계로 나아가게 된다. 순종을 일차적으로 공동체 자체의 특성으로 볼 때, 공동체의 서로 다른 멤버들간의 관계는 훨씬 부드러워질 수 있다. 그럴 때 우리는 또한 깨닫는다. 우리가 함께 하나님의 뜻을 분별하기 원한다는 것을, 그리고 우리 중에 계시는 하나님의 긍휼의 임재에 섬김으로 반응하기 원한다는 것을 말이다.

공동체훈련

공동체를 훈련한다는 말이 이상하게 들릴지 모르나, 훈련 없는 공동체는 새 생명을 받아 풍성함에 이르게 하는 공간이라기보다는 안전하고 익숙하고 배타적인 장소를 더 많이 지칭하는 '알맹이 없는' 단어가 되고 만다. 진정한 공동체를 이루려는 곳일수록 훈련이 필수적이다. 고금의 다양한 형태의 공동생활에만 필수적인 것이 아니라 우정, 결혼, 가정의 상호지지 관계에도 똑같이 필수적이다. 우리 안에 하나님의 공간을 만들려면 서로 상대방 안에 거하시는 성령을 끊임없이 의식해야 한다.

공동체훈련은 우리로 하여금 사람이 되게 해준다. 우리 힘으로 깨달을 수 없는 크고 깊고 풍성한 진리, 아름다움, 사랑의 소리를 서로에게 전해 주는 통로가 되게 하는 것이다(라틴어로 사람 *personare* 이라는 말은 '소리를 통과시킨다'는 뜻이다). 진정한 공동체 안에서 우리는 우리 삶 속에 거하시는 하나님의 임재의 신비를 서로에게 끊임없이 새롭게 보여주는 거울과 같다. 그러므로 공동체훈련은 진정한 기도훈련이기도 하다. 그것은 우리를 성령의 임재에 깨어 있게 한다. 성령은 우리 가운데서 "아바, 아버지"를 부르시며 그렇게 우리 공동체생활의 중심에서 기도하신다. 그러므로 공동체란 함께 실천하는 순종이다.

'하나님은 당신의 뜻을 따르려는 나 개인을 어디로 인도하실까?' 단순히 이것이 문제가 아니다. 더욱 근본적이고 더욱 중요한 문제는 '하나님께서 하나의 공동체인 우리를 어디로 인도하실까?' 하는 것이다. 이 질문을 따른다면, 우리는 함께하는 삶 속에서 하나님의 인도에 세심한 주의를 기울여야 하고 함께 창의적 반응을 모색해야 한다.

심령의 자질인 공동체

우리는 공동체도 고독과 마찬가지로, 우선적으로는 심령의 자질이라는 사실을 잊지 말아야 한다. 함께한 장소에 있어 보지 않고는 공동체를 결코 배울 수 없다는 것은 사실이지만, 공동체란 반드시 육체적으로 같이 있어야 한다는 뜻은 아니다. 몸으로는 혼자 있으면서도 얼마든지 공동체 안에 살 수 있다. 그런 상황에서도 자유로이 행동하고 정직하게 말하고 고난을 참아 낼 수 있음은, 서로 시공時空으로 갈라져 있을 때조차도 사랑의 친밀한 끈이 우리와 다른 사람들을 하나로 묶어 주기 때문이다. 사랑의 공동체는 나라와 대륙의 경계만 초월하는 것이 아니라 세월의 골까지도 뛰어넘는다. 먼 곳에 사는 사람들에 대한 의식은 물론 오래전에 살았던 사람들에 대한 추억을 통해서도 우리는 치유와 지원과 인도의 공동체에 들어설 수 있다. 공동체 내의 하나님의 공간은 모든 시공의 한계를 초월한다.

이렇듯 공동체훈련은 우리를 자유케 하여, 성령이 인도하시는 곳이면 설령 가고 싶지 않은 곳이라도 어디든 가게 한다. 이것이 진정한 오순절 체험이다. 두려움 속에 함께 모여 있던 제자들에게 성령이 임하시자 그들은 밀폐된 방에서 나와 세상 속으로 들어가는 자유를 얻었다. 두려움 속에 모여 있을 때까지만 해도 아직 공동체가 아니었다. 그러나 성령을 받은 뒤에는 자유인의 공동체가 되어 예루살렘에서 로마까지 떨어져 있는 중에도 서로 연합을 지킬 수 있었다. 이렇듯 우리를 공동체로 묶어 주는 것이 두려움이 아니라 성령이라면, 시간과 공간의 거리는 우리를 분리시킬 수 없다.

훌륭한 신앙인들의 공동체

한때 성인聖人들은 내 의식의 뒷전에 가려 있었다. 지난 몇 달 사이 그들은 하나님께 나아가는 길의 훌륭한 길잡이로 내 의식 속에 다시 들어왔다. 나는 많은 성인들과 위대한 남녀 신앙인들의 생애를 읽었다. 그들이 정말 내 신앙가족의 일원이 되어 항상 내 곁에서 제안과 아이디어와 충고와 위로와 용기와 힘을 주는 것 같다. 고민할 때 도움이 될 모본이 없다면 마음과 생각을 하나님께 지키기가 매우 어렵다. 성인들이 없다면 그보다 영감이 덜한 사람들로 족하기 쉽다. 당장은 대단해 보여도 장기적 지원을 베풀 수 없는 이들을 금세 뒤따르는 것이다. 역사 속의 많은 위대한 남녀 성인들과 관계가 회복되어서 기쁘다. 그들은 삶과 사역으로 내 진정한 상담자가 되어 줄 수 있다.

역사 속에서 기도에 삶을 헌신한 많은 그리스도인들의 영적 지혜가, 다양한 신앙 전통과 생활방식과 영성에 보전되어 현대 기독교

에도 생생히 재현되고 있다. 사실 대개 우리의 으뜸이자 가장 영향력 있는 길잡이는 다양한 신앙 풍토에 배어 있는 여러 기도 전통, 예배 스타일, 하나님에 대해 말하는 방식 등이다. 신앙 풍토마다 강조점이 다르다.…… 강조점은 다분히 그 새로운 형태의 영성이 태동된 시점, 주요 영향을 미친 남녀 인물의 성격, 특별히 관심을 둔 사역 분야에 따라 달라진다.

각 영성의 형태는 흔히 역사적으로 영향력을 미친 유명 인물들과 관련되어 있다. 우리의 길을 찾음에 있어 그들을 길잡이로 삼을 수 있다는 뜻이다. 베네딕트, 프란체스코, 도미니크, 로욜라의 이그나티우스, 아빌라의 테레사, 야콥 뵈메 Jacob Böhme, 프란시스 드 살레 Francis de Sales, 조지 폭스, 존 웨슬리, 헨리 마틴, 존 헨리 뉴먼, 쇠렌 키르케고르, 샤를르 드 푸코, 다그 함마슐트, 마틴 루터 킹, 토머스 머튼, 기타 수많은 사람들이 본인의 삶과 그 제자들과 충실한 학생들의 삶을 통해 우리에게 마음의 기도를 찾는 기준과 방향을 제시해 준다…….

역사상 참으로 훌륭한 성인들은 우리에게 자기를 닮을 것을 요구하지 않는다. 그들의 길은 독특하여 되풀이될 수 없다. 그러나 그들은 우리를 자신의 삶으로 부르며 우리의 추구에 적합한 공간을 터 준다. 그중에는 심기를 불편하게 해 우리 마음을 닫게 하는 이들도 있고 아예 반감을 주는 이들도 있다. 그러나 역사상 많은 위대한 남녀 신앙인들 중 마음의 언어로 말하며 우리에게 용기를 주는 이들이 소수, 적어도 한두 명은 있을 것이다. 그들이 우리의 길잡이다. 그들은 모방의 대상이 아니라 우리도 자기들처럼 각자 저마다의 인생을 진실하게 살도록 돕는 이들이다. 그런 길잡이들을 만날 때 우리는 감사할 이유가 충분하다. 그들의 말을 귀기울여 들어야 할 이유는 더욱 충분하다.

기독교 공동체의 모델

엘리사벳과 마리아는 함께 만나(눅 1:39-56) 서로 기다릴 수 있는 힘을 주었다. 마리아의 방문을 통해 엘리사벳은 자신이 기다리고 있는 것을 눈으로 확인했다. 그녀의 복중의 아기가 기쁨으로 뛰었다. 마리아는 엘리사벳의 기다림을 인정해 주었다. 이것이 기독교 공동체의 모델이 아닐까. 그것은 지원과 축하와 인정의 공동체다. 우리 안에 이미 시작된 일을 높이 세워 주는 공동체다. 엘리사벳과 마리아의 만남은 공동체를 이룬다는 것, 약속을 중심으로 함께 모여 뭔가 새로운 일이 정말 일어나고 있음을 인정한다는 것의 의미가 가장 아름답게 표현된 성경 기사 중 하나다.

기도란 그런 것이다. 약속을 중심으로 함께 모이는 것이다. 축제란 그런 것이다. 이미 시작된 일을 세워 주는 것이다. 성찬식이란 그런 것이다. 이미 뿌려진 씨앗을 인해 감사하다고 말하는 것이다. "우리는 이미 오신 주님을 기다린다"고 말하는 것이다.

기독교 공동체의 모든 의미는 이미 본 것을 기다릴 수 있는 공간을 마련해 주는 데 있다. 기독교 공동체란 우리 안에 불꽃이 계속 타오르게 하며 그것을 진지하게 여기는 곳이다. 불꽃이 우리 안에서 점점 자라 강해지도록 말이다. 그렇게 우리는 용기 있게 살 수 있다. 절망과 상실과 어둠에 끊임없이 유혹당하지 않으면서 세상을 살 수 있는 영적 힘이 우리 안에 있음을 믿으면서…… 함께 기다리는 것, 이미 시작된 일에 양분을 더하는 것, 완성을 기대하는 것. 그것이 결혼과 우정과 공동체와 그리스도인의 삶의 의미다.

행동과 중보기도

기도한다는 것은
모든 삶과 모든 사랑의 중심으로 옮겨 간다는 것이다.
「여기 지금 우리와 함께하시는 하나님」

기도와 행동을……
절대 상충되는 것이나 상호 배타적인 것으로 보아서는 안된다.
「긍휼」

기도와 삶의 연결

기도와 삶은 반드시 연결되어야 한다. 하나님의 마음과 가까워질수록 세상의 마음과 가까워지며 다른 사람들과도 가까워진다. 하나님은 달라고 하시는 분이지만, 자신의 마음을 하나님께 드리면 우리 마음의 소원도 이루어주시는 분이다. 바로 거기서 형제자매들도 만난다. 우리는 언제나 행동으로 부름받지만, 그 행동은 쫓기는 것이나 강박적인 것이나 죄책감에 눌린 것이어서는 안된다. 근본적으로 그것은 하나님의 사랑을 아는 데서 나오는 행동이다. 가난한 이들과 함께 있고 싶어지는 것도 세상을 기쁘게 하고 세상의 인정을 받기 위해서가 아니다…….

우리의 영성은 가난한 이들과 깊이 함께 사는 데서 나와야 한다. 약한 자들과 함께 있으며 그들과 더불어 약해지는 영성, 그것은 위대한 여정이다!

인내의 훈련은 우리의 기도방식만 아니라 행동방식을 통해 그 모습을 드러낸다. 기도처럼 우리의 행동도 이 세상 중에 거하시는 긍휼하신 하나님의 임재의 표출이 되어야 한다. 인내의 행동은 하나님의 사랑―치유와 위안과 위로와 화해와 연합의 사랑―이 인간의 마음을 만질 수 있는 통로가 된다. 그 행동을 통해 '때가 찬' 것이 드러날 수 있고 하나님의 정의와 평화가 이 세상을 주도할 수 있다. 인내의 행동은 가난한 자에게 복음이, 갇힌 자에게 해방이, 눈먼 자에게 다시 봄이, 눌린 자에게 자유가 전해지며, 하나님의 은혜의 해가 선포되는 통로다(눅 4:18-19). 두려움과 의심과 권력에 주린 경쟁—심화되는 무기 경쟁, 갈수록 커지는 빈부 격차, 힘 있는 자와 힘 없는 자 사이의 치열하고 잔인한 싸움이 모두 거기서 나온다—을 없애는 행동이다. 사람들로 하여금 서로 듣게 하고 서로 말하게 하며 서로의 상처를 싸매주게 하는 행동이다. 한마디로 인내의 행동은, 우리 삶 속에 거하시는 하나님의 임재를 알고 그 임재가 개인과 단체와 사회와 나라에 느껴지기를 바라는 믿음에 근거한 행동이다.

하나님의 무한한 긍휼에 동참하는 것
긍휼의 삶은 이웃을 향한 자신의 죄책감을 달래기 위한 일련의 선행도 아니고 최대한 많은 선을 쌓으려는 열광적 시도도 아니다. 오히려 그것은 예수 그리스도 안에서, 예수 그리스도를 통해 하나님의 무한한 긍휼에 동참하는 것이다. 그것이 사실일진대 기도는 우리의 으뜸가는 의무이자 어떤 의미에서는 유일한 의무이다. 기도야말로 모든 긍휼의 출처인 하나님과 연합된 삶이기 때문이다.

긍휼의 부르심이란 세상의 한복판에서 하나님을 찾아야 하는 부르심이 아니라, 하나님의 마음속에서 세상을 찾아야 하는 부르심이다. 그것이 바울, 베네딕트, 프란체스코, 이그나티우스, 아빌라의 테레사, 마르틴 루터, 존 웨슬리, 기타 교회사의 모든 영적 지도자들의 길이다. 그들은 모두, 제자도가 깊어질수록 고통하는 세상과의 일체감도 깊어진다는 사실을 알았다. 이것은 전혀 낭만적이거나 달콤하거나 쉬운 일이 아니다. 그렇다고 그것을 책임 회피의 구실이나 핑계로 생각하는 자들은 예수 그리스도의 마음을 품는다는 것의 의미를 모르는 것이다. 다만 조금이라도 그리스도와의 제자도 속에 들어서는 자라면 누구나 세상의 고통을 피하지 않고 그 핵심으로 파고든다. 의심할 나위 없는 사실이다. 기도의 삶이 가장 친밀한 방식으로 우리를 세상의 삶과 연결시켜 주는 이유가 거기에 있다. 궁극적으로 긍휼의 삶이 신비의 삶—예수 그리스도와 연합된 삶—인 까닭도 거기에 있다.

기도와 섬김의 행위

기도와 행동을…… 절대 상충되는 것이나 상호 배타적인 것으로 보아서는 안된다. 행동 없는 기도는 무력한 경건주의로 변질되고 기도 없는 행동은 의심스런 조작으로 전락한다. 기도가 정말 우리를 긍휼에 찬 그리스도와 더 깊은 연합으로 이끈다면, 그것은 언제나 구체적 섬김의 행위를 낳도록 되어 있다. 마찬가지로, 구체적 섬김의 행위가 진정 우리를 가난한 이들, 굶주린 이들, 병든 자들, 죽어가는 자들, 눌린 자들과 더 깊은 일체감으로 이끈다면, 그것은 언제나 기도로 이어지도록 되어 있다. 기도를 통해 우리는 그리스도와, 그분 안에서 인간의 모든 고통을 만난다. 섬김을 통해 우리는 사람들을 그리고 그들 안에서 고난의 그리스도를 만난다.

감사의 반응

긍휼의 행동은…… 이미 이루어진 만남에 대한 자유와 기쁨의 표현이요 무엇보다 감사의 표현이다. 요한과 베드로와 바울과 모든 제자들이 예수 그리스도의 메시지로 세상을 '정복한' 그 엄청난 에너지도 바로 그 만남에서 온 것이다. 그들은 자기들의 사역이 선한 일임을 자신이나 서로에게 납득시킬 필요가 없었다. 그들은 자신의 일의 가치에 조금도 의심이 없었다. 자신의 행동의 타당성에 조금도 주저함이 없었다. 그들은 예수님에 대해 말하고 그분을 찬양하고 경배하며 그분께 감사할 수밖에 없었다. 그분을 직접 보고 듣고 만졌기 때문이다. 그들은 눈먼 자에게 빛을, 포로 된 자에게 자유를, 눌린 자에게 해방을 가져다줄 수밖에 없었다. 그 속에서 다시 그분을 만났기 때문이다. 그들은 사람들을 새로운 공동체로 모을 수밖에 없었다. 그분이 그 가운데 거하실 수 있도록 말이다. 예수 그리스도가 그들의 참 생명, 참 관심사, 참 긍휼, 참 사랑이 되었기에 이제 그들은 삶이 곧 행동이 되었다. 삶 전체가 하나님의 가장 귀한 선물인 당신 자신에 대한 끝없는 감사의 표현이 된 것이다.

 이것이 긍휼의 행동의 가장 깊은 의미다. 그것은 긍휼의 하나님과의 위대한 만남에 대한 감사와 자유와 기쁨의 표현이다. 우리가 경위와 이유를 다 알지 못한다 해도 긍휼은 열매를 맺는다. 그런 행동을 통해 우리는 범사가 진정 은혜이며 우리가 보일 수 있는 반응은 감사뿐이라는 사실을 깨닫는다.

감사의 반응인 행동

행동이란 이 세상에서 하나님의 임재를 느끼는 데서 흘러나오는 감사의 반응이다. 예수님의 모든 사역은 아버지에 대한 하나의 위대한 행동이었다. 우리는 바로 그 사역에 동참하도록 부름받았다. 베드로와 바울은 지칠 줄 모르는 에너지로 많은 곳을 돌아다녔다. 아빌라의 테레사는 피곤도 모르는 듯 많은 수도원을 지었다. 마틴 루터 킹은 넘치는 열정으로 설교하고 계획하고 조직했다. 캘커타의 테레사 수녀는 극빈자들을 돌보는 사역으로 당당히 주님의 재림을 앞당겼다. 그러나 그들 중 누구도 세상의 문제를 해결하려 하거나 칭찬이나 상을 구한 자가 없었다. 그들의 행동은 그런 강박관념에서 자유로웠고, 따라서 자신의 삶 속에서 체험한 하나님의 생생한 임재에 대한 자발적 반응이었다. 이렇듯 우리의 행동은 감사가 될 수 있고 우리가 하는 모든 일은 성찬이 될 수 있다.

하나님의 집 안에서의 행동

여기서도 우리는 그리스도인의 모든 행동의 근거를 볼 수 있다. 기도가 우리를 하나님의 집과 하나님의 백성에게로 이끌듯이, 행동은 우리를 다시 세상으로 이끈다. 거기서 화해와 연합과 평화의 일을 하도록 말이다. 일단 진실을 알면 진실대로 행동하며 그 진실을 세상에 알리고 싶어진다. 그리스도인의 모든 행동—병자를 방문하는 일이든, 가난한 자들을 먹이는 일이든, 헐벗은 이들을 입히는 일이든, 보다 정의롭고 평화로운 사회를 위해 힘쓰는 일이든—은 하나님의 집에서 계시를 얻은 인간 일체감의 표현이다. 그것은 더 나은 세상을 만들기 위한 인간의 불안한 노력이 아니라, 그리스도 안에서 죽음과 악과 파멸이 이미 정복되었다는 진리의 확신에 찬 표현이다. 그것은 깨어진 질서를 회복하려는 걱정스런 시도가 아니라, 그리스도 안에서 모든 질서가 이미 회복되었다는 사실의 감격스런 주장이다. 그것은 갈라선 사람들을 화해시키려는 아슬아슬한 노력이 아니라, 이미 이룩된 연합에 대한 축제다. 그러므로 행동은 활동주의가 아니다. 활동주의자는 치유하고 회복하고 구속하고 재창조하려고 한다. 그러나 하나님의 집 안에서 행동하는 이들은, 자신의 행동을 통해 하나님의 치유와 회복과 구속과 재창조의 임재를 가리켜 보인다.

기쁨과 평안을 주는 행동

행동은…… 우리로 참 자아를 주장하며 누리게 할 수 있다. 그러나 여기에도 훈련이 필요하다. 우리가 사는 세상은 "이것을 하고 저것을 하고, 여기를 가고 저기를 가고, 이 사람을 만나고 저 사람을 만나라"고 우리를 다그치기 때문이다. 바쁜 삶은 중요한 존재의 상징이 되었다. 할 일이 많고 갈 곳이 많고 만날 사람이 수없이 많은 삶이 곧 지위와 명성으로 통한다. 그러나 바쁜 삶은 우리를 참 소명에서 벗어나, 자신의 잔을 들지 못하게 할 수 있다.

부름받은 일을 하는 것과 내가 하고 싶은 일을 하는 것, 그 둘은 구분하기 쉽지 않다. 많은 소원 때문에 우리는 쉽사리 참 소명에서 벗어날 수 있다. 참 행동은 우리를 소명의 성취로 이끈다.……
사회의 가장 명망 높은 지위는 자신의 소명에 대한 순종의 표현일 수 있지만 동시에 그 소명을 듣지 않으려는 거부의 증표일 수도 있다. 가장 볼품없는 지위도 자신의 소명에 대한 반응일 수 있지만 동시에 소명을 피하는 방편일 수도 있다.

자신의 잔을 마시려면 나를 완전히 비우는 삶에 더 다가가는 행동을 신중히 택해야 한다. 그래야 우리도 인생을 마칠 때 예수님처럼 "다 이루었다"(요 19:30)고 말할 수 있다. 비움으로 완성되는 삶, 그것은 참으로 역설이다. 예수님은 그것을 이렇게 표현하셨다. "나를 위하여 자기 목숨을 잃는 자는 얻으리라"(마 10:39).

자신의 뜻이 아니라 하나님의 뜻을 행하기로 헌신할 때 곧 깨닫는 사실이 있다. 내가 하는 일을 대부분 내가 할 필요가 없다는 것이다. 우리가 부름받은 일은 참 기쁨과 평안을 가져다주는 행동이다. 복음을 위해 친구를 버림으로 새 친구를 얻는 것처럼 소명에 어긋나는 행동을 버릴 때 우리는 참 행동을 얻는다.

과로와 고갈과 탈진에 이르게 하는 행동은 하나님을 높이거나 영화롭게 할 수 없다. 하나님이 우리를 불러 행하게 하시는 일은 **능히 할 수 있는 일이요 잘할 수 있는 일이다**. 침묵 속에서 하나님의 음성을 듣고 믿음으로 친구들과 대화할 때 우리는 자신이 부름받은 일을 알게 되며 그 일을 감사의 마음으로 하게 된다.

긍휼의 기도

다른 사람들을 위한 긍휼의 기도는 성경의 핵심이다. 아브라함은 소돔과 고모라 거민들을 위한 중보기도로 그들 중 일부를 하나님의 진노에서 건졌다(창 18:32). 이스라엘 백성이 시내 산 언약을 어기고 금송아지를 섬겼을 때 그들을 멸망에서 건진 것은 오직 모세의 중보기도였다……(출 32:11-14).

친히 종의 형체를 가져 우리를 위해 죽으신 긍휼하신 주님의 제자들로서 우리의 기도의 반경에는 한계가 없다. 디트리히 본회퍼 Dietrich Bonhoeffer는 그것을 단순하고도 힘차게 표현했다. 그는 남을 위한 기도란 그들에게 "우리가 받은 것과 똑같은 권리, 즉 그리스도 앞에 서서 그분의 긍휼을 얻는 권리를 주는" 것이라 말했다.

우리가 세상의 필요를 가지고 하나님 앞에 나아갈 때 우리를 만지시는 하나님의 치유의 사랑은, 우리가 그분 앞에 데리고 가는 모든 사람들도 똑같은 능력으로 만져 주신다. 하나님의 치유의 사랑에 대한 이 체험은 때로 다른 사람들이 육체적·정신적·영적으로 아주 멀리 있음에도 불구하고, 그들의 삶 속에 임하신 하나님의 치유의 은혜가 우리에게 느껴질 만큼 아주 현실적이고 즉각적일 수 있다.

이렇듯 긍휼의 기도는 우리를 사람들과 그들의 구체적 문제에서 도망쳐 이기적 개인주의에 빠지지 않게 한다. 그것은 인간 공유의 고난을 깊이 인식하게 함으로써 우리 모두를 하나님의 치유의 임재 안에서 서로 더욱 가까워지게 한다. 긍휼의 기도는 우리가 사랑하고 아끼는 이들에게만 이르는 것이 아니라 원수로 생각되는 이들에게까지 이른다.

기도와 적대 감정은 공존할 수 없다. 기도의 열매는 언제나 사랑이다. 파렴치한 독재자와 사악한 고문자도 기도 안에서는 더 이상 우리의 두려움과 미움과 복수의 대상으로 남을 수 없다. 기도할 때 우리는 하나님의 긍휼의 위대한 신비 한복판에 서기 때문이다.

서로를 위한 기도

우리는 다른 사람들을 위해 무엇을 할 수 있을지 잘 모를 때가 많다. 큰 곤경에 처한 이들을 볼 때 특히 그렇다. "서로를 위해 기도해야 한다"는 우리의 말은 무력함의 표현이 아니다. 서로를 위해 기도한다는 것은 무엇보다 우리가 한 하나님의 자녀로 서로에게 속해 있음을 그분의 임재 안에서 인식하는 것이다. 인간 일체감에 대한 그 인식이 없을 때, 우리가 서로를 위해 하는 일은 우리의 참 존재에서 흘러나오는 것이 아니다. 우리는 경쟁자나 라이벌이 아니라 형제자매다. 우리는 여러 신들의 파벌이 아니라 한 하나님의 자녀다.

기도한다는 것, 즉 우리를 "사랑하는 자"라 부르시는 분의 음성을 듣는다는 것은, 그 음성에 배제되는 자가 단 한 사람도 없다는 사실을 배우는 것이다. 내가 거하는 곳에 하나님이 나와 함께 거하시며, 하나님이 나와 함께 거하시는 곳에서 나는 내 모든 형제자매를 만난다. 그러므로 하나님과의 친밀함과 모든 인간들과의 일체감은 지금 이 순간에 거하는 삶과 뗄래야 뗄 수 없는 양면이다.

다른 사람들이 나의 일부가 되다

긍휼의 삶의 가장 강력한 체험 중 하나는, 자신의 마음을 온 세상을 끌어안는 치유의 공간으로 넓히는 것이다. 아무도 배제되지 않는 곳으로 말이다. 도망치거나 싸우거나 겁내거나 화내려는 조급한 충동의 위력을 훈련을 통해 떨칠 때 우리는, 세상 모든 사람을 환영할 수 있는 무한한 공간을 발견한다. 그러므로 남을 위한 기도는 어쩌다 한 번씩 연습하는 특별한 일이 아니다. 오히려 그것은 긍휼을 품은 마음의 심장박동 자체다. 병든 친구, 우울한 학생, 갈등에 빠진 교사, 옥에 갇힌 이들, 병상에 누운 이들, 전쟁터에 나간 이들, 불의의 피해자들, 굶주리고 가난하고 집 없는 자들, 직업과 건강과 생명마저 내걸고 사회 정의를 위해 싸우는 이들, 교회와 국가의 지도자들. 이 모든 사람들을 위해 기도하는 것은 하나님의 뜻을 움직이려는 부질없는 시도가 아니라, 우리 마음의 중심에 이웃들을 받아들이는 따뜻한 몸짓이다.

다른 사람들을 위해 기도한다는 것은 그들을 나의 일부로 삼는다는 뜻이다. 다른 사람들을 위해 기도한다는 것은 그들의 아픔과 고통과 불안과 외로움과 혼돈과 두려움이 내 가장 깊은 내면에 스며들게 한다는 뜻이다. 그러므로 기도란 곧 기도하는 대상이 되는 것이다. 병든 아이, 두려운 어머니, 고민하는 아버지, 불안한 십대, 성난 학생, 좌절한 파업 노동자가 되는 것이다. 기도하는 것은 동료 인간들과의 내적 일체감 속으로 깊이 들어가는 것이다. 우리 안에서 우리를 통해 그들도 성령의 치유하시는 능력을 입을 수 있도록 말이다. 그리스도의 제자로서 우리가 형제자매들의 짐을 지고 그들의 상처를 당하며 죄의 아픔마저 함께 나눌 수 있을 때, 우리의 기도는 그들의 기도가 되며 자비를 구하는 우리의 외침은 그들의 외침이 된다. 긍휼의 기도 안에서 우리는 고통받는 자들을 하나님 앞에 데려온다. 단지 '오래전 거기서' 상처받은 자가 아니라 지금 여기 내 가장 깊은 내면에서 상처받는 자로 데려오는 것이다. 이렇게 우리 안에서, 우리를 통해 다른 사람들이 회복된다. 우리 안에서, 우리를 통해 그들이 새 빛과 새 희망과 새 용기를 얻는다. 우리 안에서, 우리를 통해 성령이 하나님의 치유의 임재로 그들을 만지신다.

내 기도의 대상인 친구들과 많은 사람들을 진정 내 존재의 가장 깊은 곳에 받아들여 그들의 아픔과 고민과 울부짖음을 내 영혼 속에 느낄 때, 비로소 나는 나 자신을 떠나 그들이 된다. 비로소 긍휼을 품은 자가 된다. 동료 인간을 위한 우리의 기도 한복판에 긍휼이 있다. 세상을 위해 기도할 때 나는 세상이 된다. 수백만 인간의 끝없는 필요를 위해 기도할 때 내 영혼은 넓어져 그들 모두를 품어 하나님의 임재 안에 들여놓고 싶어진다. 그러나 그 체험 속에서 나는 긍휼이 내 것이 아니라 하나님이 내게 주신 선물임을 깨닫는다.

나는 세상을 품을 수 없으나 하나님은 하실 수 있다. 나는 기도할 수 없으나 하나님은 내 안에서 기도하실 수 있다. 하나님이 우리처럼 되심으로, 즉 하나님이 우리 모두를 당신의 친밀한 삶에 들어오게 하심으로 우리는 비로소 그분의 무한한 긍휼을 공유할 수 있게 되었다.

남을 위한 기도를 통해 나는 나를 잃고 그 사람이 된다. 그러나 긍휼의 품으로 온 인류를 품으시는 하나님의 사랑으로 다시 나를 찾는다.

하나님의 사람들과의 연합

꼭 말하고 싶은 것이 있다. '먼저 사랑하신' 하나님의 사랑을 알 때에야 비로소, 우리는 자신이 무조건 사랑받는 자일 뿐 아니라 나를 무조건 사랑하시는 그분이 모든 인간을 무조건 사랑하신다는 사실을 깨닫는다. 모든 것을 품으시는 동일한 사랑으로 말이다. 하나님이 나를 아주 친밀하게 개인적으로 사랑하신다고 해서 다른 사람을 덜 사랑하거나 다르게 사랑하시는 것은 아니다. 독특하게 사랑하시는 것은 사실이다. 니카라과 사람이든 러시아 사람이든 아프가니스탄 사람이든 이란 사람이든 남아프리카공화국 사람이든 모두가 하나님의 집에 속한 자이다. 그러므로 먼저 사랑하신 하나님과 친밀한 연합 속에 들어갈 때 우리는 하나님의 모든 사람들과도 친밀한 연합 속에 있게 된다. 하나님의 마음은 온 인류를 품는 마음인 까닭이다. 하나님과의 친밀함이 언제나 하나님의 사람들과의 일체감을 뜻하는 이유가 거기에 있다. 더 정확히 말해, 하나님이 우리 가운데 장막을 치시고 우리의 육신을 입으신 것은 당신께 받아들여지지 못할 인간이 하나도 없게 하시기 위해서였다. 그러므로 기도는 골방에서 은밀하게 하나님과 연합하는 것만이 아니다. 기도란 고금을 뛰어넘어 전세계 하나님의 사람들과 연합하는 것이다. 거기서 우리는 소속감을 느끼며 소외의 두려움을 극복한다. 그 연합이 우리를 자유케 한다.

삶의 중심축으로 옮겨 가기

내 조국 네덜란드에 가면 아직도 커다란 짐마차 바퀴들을 장식품으로 많이 볼 수 있다.…… 그 짐마차 바퀴들을 볼 때마다 나는 깊은 매력을 느낀다.…… 그 바퀴는 중심에서 사는 삶의 중요성을 이해하는 데 도움이 된다. 바퀴 가장자리를 따라 움직이면 바큇살을 하나씩 차례로 만나게 되지만, 중심축에 있으면 모든 바큇살을 한꺼번에 만질 수 있다.

    기도한다는 것은 모든 삶과 모든 사랑의 중심으로 옮겨 간다는 것이다. 삶의 중심축으로 가까이 갈수록 중심축에서 힘과 에너지를 받는 모든 것들과도 가까워진다. 나는 삶의 온갖 다양한 바큇살로 인해 산만해지는 경향이 있다. 바쁘되 진정 생명을 주지 못하고, 온 사방을 뛰어다니되 초점이 없는 것이다. 관심을 삶의 중심으로 돌림으로써 나는 중심을 지키면서도 풍부한 다양성과 맺어질 수 있다. 중심축이란 무엇일까? 내 마음, 하나님의 마음, 세상의 마음이다. 기도할 때 나는 내 마음속 깊은 곳으로 들어가, 거기서 내게 사랑을 말씀하시는 하나님의 마음을 만난다. 바로 거기서 나는 내 모든 형제자매들이 서로 연합하는 곳도 발견한다. 실로 영적인 삶의 위대한 역설은 가장 개인적인 것이 가장 보편적인 것이고, 가장 내밀한 것이 가장 공통된 것이며, 가장 묵상적인 것이 가장 행동적인 것이라는 사실이다.

짐마차 바퀴는 중심축이 모든 에너지와 운동의 중심임을 보여 준다. 종종 정지된 듯 보일 때도 마찬가지다. 하나님 안에서는 모든 행동과 모든 휴식이 하나다. 기도도 다를 바 없다!

용서

우리는 매일 매시간 끊임없이 용서하고 용서받아야 한다.
「용서: 상처 입은 세상에서의 사랑의 이름」

용서란 상대가 하나님이 아닌 것을—내 모든 필요를 채워 주지 못하는 것을—언제까지나 용서하려는 마음을 뜻한다.
「이별의 말」

하나님의 이름으로 용서하기

우리는 다 상처 입은 자들이다. 우리에게 상처 주는 자는 누구인가? 대개 우리를 사랑하는 자들이요 우리가 사랑하는 자들이다. 거부당하고 버림받고 구박받고 조종당하고 침해당했다고 느껴질 때 대체로 그 상대는 부모, 친구, 배우자, 연인, 자녀, 이웃, 교사, 사역자 등 우리와 아주 가까운 자들이다. 우리를 사랑하는 이들이 우리에게 상처를 입힌다. 그것이 우리 인생의 비극이다. 마음에서 우러난 용서가 그토록 어려운 것도 그 때문이다. 상처를 입은 것은 정확히 우리의 마음이다. 우리는 이렇게 절규한다. "내 곁에 있어줄 줄 알았던 당신이 날 버리다니! 그런 당신을 어떻게 용서해?"

용서란 대개 불가능해 보인다. 그러나 하나님께는 불가능이 없다. 우리 안에 사시는 하나님이 우리에게 자신의 상한 자아를 뛰어넘어 이렇게 말할 수 있는 은혜를 주신다. "하나님의 이름으로 당신을 용서합니다."

상대가 하나님이 아닌 것을 용서하기

용서란 상대가 하나님이 아닌 것을 ─ 내 모든 필요를 채워 주지 못하는 것을 ─ 언제까지나 용서하려는 마음을 뜻한다. 나 또한 다른 사람들의 필요를 채워 주지 못하는 데 대해 용서를 구해야 한다. 우리 마음 ─ 우리 존재의 중심 ─ 은 하나님의 한 부분이다. 그러므로 우리 마음은 만족과 완전한 연합을 갈망한다. 그러나 인간은 누구나 한계가 있기에 우리의 갈망을 채워 주지 못한다. 남편이든 아내든 아버지든 어머니든 형제든 자매든 자녀든 다 마찬가지다. 원하는 것은 많은데 받는 것은 일부분뿐이니 우리는 늘 상대를 용서해야 한다. 내가 원하는 것을 다 주지 못하는 그들을 용서해야 한다.

재미있는 사실이 있다. 상대가 하나님이 아닌 것을 용서할 수 있을 때 우리는 그가 하나님의 형상을 지닌 자임을 축하할 수 있다. 우리는 이렇게 말할 수 있다. "당신이 하나님이 아니기에 나는 당신을 사랑합니다. 당신에게는 하나님이 사랑으로 주신 참으로 아름다운 선물들이 있기 때문입니다." 내게는 하나님의 모든 것이 다 있지 않다. 그러나 내게 있는 것은 충분히 축하할 가치가 있는 것이다. 축하한다는 것은 다른 사람이 받은 선물을 세워 주고 인정하고 확증해 주고 기뻐한다는 뜻이다. 우리는 서로를 향해, 하나님의 무한한 사랑을 입은 자라고 말해 줄 수 있다.

하나님과 함께 추는 춤의 첫 동작

치유는 고통이 없어지는 곳에서 시작되는 것이 아니라 우리의 고통을 더 큰 고통의 일부로 보고 나누는 곳에서 시작된다. 그러므로 치유의 첫 작업은 우리의 많은 고통과 아픔을 고립 상태에서 끄집어내 악한 마귀와의 큰 싸움의 한복판에 두는 것이다.…… 애통할 수 있는 공간을 만들 때─일대일 관계를 통해서든 소그룹 지원을 통해서든 공동체 축제를 통해서든─우리는 악한 마귀의 손아귀에서 조금씩 벗어난다. 그리고 우리를 애통으로 부르신 그 성령께서, 우리를 또한 하나님과의 춤의 첫 동작으로 이끄신다는 사실을 슬픔의 한복판에서 깨닫는다…….

춤동작을 설명해 보자. 잠시 내가 댄스 교사라 하자! 첫 동작은 용서다. 아주 어려운 동작이다. 하지만 모든 시작은 다 어렵다. 용서할 것은 많고도 많다. 우리는 내게 무조건적 사랑을 베풀지 못한 부모를 용서해야 한다. 내 기대만큼 내게 도움을 주지 못한 형제자매를 용서해야 한다. 필요할 때 내 곁에 있어 주지 않은 친구를 용서해야 한다. 야심과 교묘한 조작을 일삼는 교회와 사회 지도자들을 용서해야 한다. 거기서 한 걸음 더 나아가, 고문하고 살인하고 강간하고 파괴하는—이 세상을 어두운 곳으로 만드는—모든 자들을 용서해야 한다. 우리 자신도 용서를 구해야 한다. 나이가 들수록 우리는 나도 남에게 깊은 상처를 주었으며 폭력과 파괴의 사회에 한몫 해온 자임을 더욱 실감한다. 용서하고 용서를 구하기란 참으로 어려운 일이다. 그러나 그것이 없다면 우리는 과거의 족쇄에서 벗어날 수 없다. 춤출 수 없다…….

용서는 악한 마귀를 대적하는 위대한 영적 무기다. 우리가 분노와 원한의 피해자로 남아있는 한, 어둠의 세력은 우리를 계속 이간질하며 끝없는 세력다툼으로 유혹할 수 있다. 그러나 내 삶을 위협하는 자들을 용서할 때 그들은 우리를 지배할 힘을 잃는다.…… 용서는 우리로 춤의 첫 스텝을 내딛게 해준다.

용서의 발걸음 내딛기

하나님만이 주실 수 있는 것을 인간들은 내게 줄 수 없다. 용서란 그 사실을 알 때 가능하다. 나를 "사랑하는 자"라 부르시는 그 음성을 들은 자, 온전한 연합의 선물을 받아들인 자, 먼저 베푸신 그분의 무조건적 사랑을 받아 누리는 자라면, 하나님만이 주실 수 있는 사랑을 자신이 얼마나 사람들에게 요구했는지 금세 알 수 있다. 회개의 마음으로 볼 수 있다. 먼저 베푸신 그 사랑을 알 때 우리는 '반응으로' 내놓을 사랑밖에 없는 자들을 능히 용서할 수 있다.

자신의 상처 입은 자아에 집요하게 매달리는 내 모습을 보면 정말 기가 막힌다. 왜 나는 나를 건드리거나 상처 입힌 자들을 늘 생각하는 것일까? 왜 나는 그들에게 내 감정과 기분을 지배할 힘을 내주는 것일까? 왜 나는 단순히 그들이 베푼 선을 감사하며 그들의 실패와 실수를 잊어버리지 못하는 것일까? 분노와 원한과 상처를 품어야만 인생의 내 자리를 찾을 수 있기라도 하다는 듯 말이다. 내게 상처 준 그들에 의해 내 정체가 결정되기라도 하다는 듯 말이다. 사실 나의 일부는 '상처 입은 자'이다. 내 아픔의 원인이 된 자를 더이상 지적할 수 없을 때 내 참 존재를 알기 어렵다!…….

자신의 고통을 이해하는 것은 중요한 일이다. 내 정신적·정서적 고뇌의 기원을 찾으려면 타인의 행동과 거기에 대한 내 반응이 내 생각과 기분과 행동방식에 얼마나 큰 영향을 미쳤는지 꼭 알아야 할 때가 있다. 무엇보다도 우리를 자유케 하는 깨달음은, 내가 더 이상 과거의 피해자가 될 필요가 없이 새로운 반응방식을 배울 수 있다는 사실이다. 그러나 삶의 이력을 파악하고 인식하는 것 이상의 걸음이 있다. 미래의 삶의 방식을 선택하는 것보다도 더 중요한 걸음이 있다. 한 인간이 취할 수 있는 가장 위대한 걸음이다. 바로 용서라는 발걸음이다.

용서란 사랑이 서툰 자들 사이에 행해지는 사랑의 이름이다. 우리는 모두 사랑에 서툴다. 틀림없는 사실이다. 남에게 상처를 주면서 그것조차 모를 때도 있다. 우리는 매일 매시간 끊임없이 용서하고 용서받아야 한다. 그것이야말로 인간가족이라는 약자들의 교제 속에서 이루어지는 위대한 사랑의 작업이다. 우리를 "사랑하는 자"라 부르시는 음성은 자유의 음성이다. 보상으로 아무것도 바라지 않으면서 사랑할 수 있는 자유를 우리에게 주기 때문이다. 이것은 자기희생이나 자기부인이나 자기비하와 아무 상관이 없다. 오히려 내게 값없이 베푸신 풍성한 사랑과 전적으로 상관이 있다. 그 사랑으로 나도 값없이 주고 싶어진다.

원수를 위한 기도

남이 원수로 생각될 때 부름받은 우리가 첫 번째 할 일은 그들을 위해 기도하는 것이다. 물론 쉽지 않다. 거기에는 나를 미워하는 이들이나 내가 적대감을 품고 있는 이들을, 내 마음속 내밀한 중심으로 들여놓는 훈련이 필요하다. 우리 삶을 고달프게 만들고 우리에게 좌절과 고통과 해를 입히는 자들이야말로 우리 심중에 자리를 차지하기가 극히 어렵다. 그러나 우리가 적에 대해 노심초사하는 마음을 떨치고 자신을 괴롭히는 이들의 외침을 기꺼이 들으려 할 때마다, 그들도 우리 눈에 형제자매로 보일 것이다. 그러므로 원수를 위한 기도는 현실적인 일이요 화해의 사건이다. 원수를 하나님의 임재 안에 들어올려 드리면서 동시에 계속 미워한다는 것은 불가능한 일이다.…… 기도하면 적도 친구로 바뀐다. 그런 면에서 기도는 새로운 관계의 시작이다. 원수를 위한 기도보다 더 강한 기도는 없을 것이다. 그러나 그것은 가장 어려운 기도이기도 하다. 우리의 본능에 가장 어긋나기 때문이다. 일부 성인들이 원수를 위한 기도를 거룩함의 핵심 기준으로 보는 것도 그 때문이다.

하나님의 사랑을 배우고 싶다면 원수를 위해 기도하는 것으로 시작해야 한다. 말처럼 쉽지 않은 일이다. 남을 위해 기도한다는 것은 그 사람이 가장 잘 되기를 빈다는 뜻이다. 네 험담을 하고 다니는 반 친구, 너 아닌 다른 남자한테 더 매력을 느끼는 여학생, 자질구레한 귀찮은 일들을 죄다 너한테 떠넘기는 '친구', 취직 경쟁 상대 등. 이런 사람들이 잘되기를 빈다는 것은 아주 힘든 일이다. 그러나 원수를 위해 기도할 때마다, 진심으로 기도할 때마다 너는 마음이 새로워지는 것을 느낄 것이다. 기도를 통해 원수도 사실은 너와 똑같이 하나님께 사랑받는 동료 인간임을 금방 깨닫게 된다. 그 결과 네가 '저 사람과 나', '우리와 저들', '우리편과 반대편' 사이에 쳤던 벽이 사라진다. 마음이 갈수록 깊어지고 넓어져, 하나님이 이 땅에 살게 하신 모든 이들에게로 점점 활짝 열리는 것이다.

원수를 위해 기도하는 것보다 구체적인 사랑의 길을 나로서는 생각하기 어렵다. 원수를 위해 기도하면 한 가지 불변의 사실을 깨닫는다. 하나님 보시기에는 너라고 해서 다른 어느 누구보다 사랑받을 가치가 더한 것도 덜한 것도 아니라는 점이다. 바로 거기서 다른 모든 인간들과의 깊은 연대감이 형성된다. 온 세상을 품을 수 있는 긍휼이 네 안에 생겨난다. 네 마음은 갈수록 강요와 폭력의 강박적 충동을 벗게 된다. 또 한 가지 기쁜 사실은, 정말 진심으로 기도해 준 대상에게는 더 이상 분노를 품을 수 없다는 것이다. 직접 대화하든 다른 사람에게 그 사람 얘기를 하든 네 말하는 것이 달라지는 것을 느낄 것이다. 너를 해친 이들에게 정말 잘해 주고 싶은 마음이 드는 것이다.

용서의 두 특성

용서에는 두 가지 특성이 있다. 하나는 자신이 용서받는 것이고 또 하나는 남을 용서하는 것이다. 전자가 후자보다 어렵다. 용서받는다는 것은 의존 상황에 들어가는 것이다. 누군가 내게 내 잘못을 용서하고 싶다고 말할 때 나는 이렇게 되받을 수 있다. "내가 뭘 어쨌다는 겁니까? 난 용서 같은 것 필요 없습니다. 저리 비키세요." 내가 남들의 필요를 채워 주지 못하는 자이며 따라서 용서가 필요한 존재임을 인정하는 것은 매우 중요하다. 우리 마음은 거기에 강하게 저항한다. 우리 문화는 이 부분에서 끔찍하리만큼 망가졌다. 용서하기도, 용서를 구하기도 어렵기만 하다.…… 용서를 주고받아야 할 것은 비단 개인만이 아니다. 우리 모두가 용서받아야 한다.

우리는 서로 격려하며 함께 그 소중한 자리에 들어서야 한다. 그럴 때 공동체가 창출될 수 있다.

하나님의 용서 열정

마음에서 우러나는 용서란 정말로, 아주 어렵다. 불가능에 가깝다. 예수님은 제자들에게 "만일 네 형제가…… 하루 일곱 번이라도 네게 죄를 얻고 일곱 번 네게 돌아와 내가 회개하노라 하거든 용서하라"고 말씀하셨다. 나는 용서한다고 말하면서도 마음에 분노와 원한이 남아 있을 때가 많았다. 여전히 내가 옳다는 얘기를 듣고 싶었다. 여전히 사과와 변명을 듣고 싶었다. 여전히 도로 칭찬받는 쾌감을 느끼고 싶었다. 용서를 베푼 데 대한 칭찬 말이다!

그러나 하나님의 용서는 무조건적이다. 그것은 자신을 위해 아무것도 요구하지 않는 마음, 전혀 자기를 구하지 않는 마음에서 나오는 용서다. 내가 일상생활에서 연습해야 하는 것이 바로 이 하나님의 용서다. 그러려면 용서가 현명치 못하고 건강치 못하며 실제적이지 못하다는 내면의 모든 주장을 계속 뛰어넘어야 한다. 감사와 칭찬에 대한 내 모든 욕구를 뛰어넘어야 한다. 끝으로, 내 마음의 상처 입은 부분을 뛰어넘어야 한다. 상대가 잘못해 내게 상처를 입혔다고 느껴지는 부분, 여전히 통제권을 쥐고 싶은 부분, 용서해야 할 상대와 나 사이에 몇 가지 조건을 달고 싶은 그 부분을 말이다.

하나님의 용서가 주는 평온한 치유

지난 월요일 아침 기도시간에 시편 42편을 읽으면서, 그 뒤에 나오는 기도문이 놀라운 힘으로 내 영혼에 파고드는 것을 느꼈다. 어찌나 강하던지 지난 며칠간 계속 내 마음을 떠나지 않았다. 이런 기도다.

> 하늘에 계신 아버지. 아버지의 힘이 우리를 소유할 때 우리 입에서는 더 이상 "내 영혼아, 네가 어찌하여 낙망하느냐?"라는 말이 나오지 않습니다. 우리 분노의 거센 물결이 우리를 덮쳤으니 우리로 아버지의 용서의 평온한 치유를 맛보게 하소서. 흐르는 시냇물을 갈급해 하는 사슴처럼, 우리도 아버지께서 천국에서 모든 갈증을 해소해 주실 때까지 언제나 아버지를 갈급하게 하소서.

"아버지의 용서의 평온한 치유를 맛보게 하소서"라는 말이 내가 붙들고 싶은 기도다. 내가 갈망하는 것이 있다면 바로 하나님의 용서의 평온한 치유이기 때문이다. 나이가 들수록 나는 내 죄성과 불성실함과 용기 없음과 좁은 마음을 더욱 실감한다. 내 내면 가장 깊은 곳에서 요동치는 탐심과 정욕과 폭력과 분노의 거센 물결을 더욱 절감한다. 나이가 든다고 하나님과 동행하는 삶이 더 쉬워지지 않았다. 실은 하나님의 임재를 경험하고 하나님의 사랑을 느끼고 하나님의 선하심을 맛보고 하나님의 자상한 손길을 느끼기가 더 어려워졌다. 오, 하나님의 사랑이 내 죄와 비겁함보다 크다는 것을 내 모든 감각으로 알게 해달라고 하나님께 얼마나 간절히 부르짖는지 모른다. 어둠 속에서 빛을 보기를 얼마나 간절히 원하는지 모른다. 하나님이 거센 물결을 명하여 잔잔케 해주실 날을 얼마나 고대하는지 모른다. "믿음이 적은 자여, 왜 두려워하느냐? 내가 항상 너와 함께 있다"고 말씀하시는 하나님의 음성을 얼마나 간절히 기다리는지 모른다.

자백과 용서

모든 사람은 세상의 똑같은 빛, 우리에게 주시는 하나님의 똑같은 사랑의 서로 다른 굴절이다. 그 빛을 보려면 묵상훈련이 필요하다. **우리는** 세상에서 **하나님**을 볼 수 없다. 하나님만이 세상에서 하나님을 보실 수 있다. 활동적 사역에 묵상의 삶이 필수인 이유가 거기에 있다. 내가 하나님을 내 존재의 핵심으로 발견했다면 내 안의 하나님이 세상 속의 하나님을 알아보신다. 그때 우리는 우리 안과 세상 속에서 활동하는 귀신들도 알아보게 된다. 귀신들은 언제나 가까이 있다. 우리를 삼키려 한다. 영적인 삶을 살려면 끊임없이 깨어서 마음속에 하나님의 임재가 더 깊고 생생하도록 해야 한다.

    이 과정에는 어느 눈으로 하나님을 볼 것인지 분별하는 팽팽한 긴장이 포함된다. 쾌락과 통제를 원하는 내 눈으로 볼 것인가, 아니면 하나님의 눈으로 볼 것인가? 그러므로 우리는 자백과 용서의 끊임없는 과정 속에 인생을 살아야 한다. 이것이 공동체의 지속적 역동이다. 우리가 귀신들의 손아귀에 잡혀 있었음을 자백할 때 귀신들은 힘을 잃는다. 자백이 깊어질수록 하나님의 용서의 사랑도 더 깊이 느껴진다. 그리고 더 많은 자백이 필요함을 더 깊이 깨닫는다. 귀신에 대해 그리고 귀신에게 속았던 일에 대한 자백을 독려하는 것이 공동체생활이다. 그래야 하나님의 사랑이 드러날 수 있다. 죄인들에 초점을 둔 신약성경이 분명히 말해 주는 바와 같이, 복음은 자백을 통해서만 우리에게 계시된다.

하나님의 용서의 품

기도한다는 것은 하나님도 나처럼 속이 좁은 분일 것이라는 생각을 버린다는 뜻이다. 기도란 하나님의 온전한 빛 가운데 걸으며 주저 없이 단순히 이렇게 말하는 것이다. "나는 인간이고 하나님은 하나님이시다." 그 순간 진정한 관계의 회복인 회심이 일어난다. 인간은 어쩌다 한번씩 실수하는 존재가 아니다. 하나님은 어쩌다 한번씩 용서하시는 분이 아니다. 아니다! 인간은 죄인이고 하나님은 사랑이시다.⋯⋯ 이 회심은 우리에게 안식을 가져다주며, 그 안식 덕분에 우리는 다시 숨쉬며 하나님의 용서의 품안에서 쉴 수 있다.

장애물

영적 고갈의 시기를 지날 때야말로 영적 훈련을 붙들어야 한다.
그래야 하나님과 새로운 친밀한 관계로 자라갈 수 있다.
「영혼의 양식」

기도해도 아무 일 없는 것처럼 느껴질 때가 많다.
"그저 자리에 앉아 마음만 산만할 뿐이다." 그것이 우리의 심정이다.
「이는 내 사랑하는 자요」

영적 고갈

때로 우리는 신앙생활에 참담한 고갈을 경험한다. 기도하고 싶은 마음도 없다. 하나님의 임재도 느껴지지 않는다. 예배는 지루하기만 하다. 그동안 하나님과 예수님과 성령님에 대해 믿었던 모든 것이 아이들 동화에 지나지 않는다는 생각마저 든다.

그럴 때 중요한 것이 있다. 그런 기분과 생각은 대부분 그저 기분과 생각일 뿐이며, 하나님의 영은 우리의 기분과 생각을 초월해 거하신다는 사실을 인식하는 것이다. 기분과 생각 속에서 하나님의 임재를 맛볼 수 있다면 그것은 큰 은혜다. 그러나 그렇지 못하다고 해서 하나님이 부재하다는 말은 아니다. 그것은 대개 하나님이 우리를 더 큰 신실함으로 부르신다는 뜻이다. 영적 고갈의 시기를 지날 때야말로 영적 훈련을 붙들어야 한다. 그래야 하나님과 새로운 친밀한 관계로 자라갈 수 있다.

그렇다면 내 기도생활은 어떤가? 나는 기도가 좋은가? 기도하고 싶은가? 기도시간을 내고 있는가? 솔직히 세 질문 모두 대답은 "아니오"이다. 63년을 살아왔고 그중 38년을 사제로 지내왔지만, 지금 내 기도는 싸늘히 식어진 것 같다. 십대 때의 애틋한 기억이 떠오른다. 그때는 교회를 떠나서는 살 수 없었다. 예수님의 임재를 깊이 느끼며 몇 시간이고 무릎 꿇곤 했다. 왜 사람들이 기도할 마음이 없는지 이해가 안 갔다. 기도는 너무 친밀했고 너무 충만했다. 사제의 길로 부르심을 입은 것도 기도에 충만하던 그 시기였다. 그 이후로 나는 기도에 많은 관심을 기울였다. 기도에 대해 읽고 쓰며 수도원과 기도원을 찾아다녔고 많은 사람들의 신앙 여정을 지도했다. 지금쯤이면 내 영혼은 기도의 불로 활활 타올라야 한다. 많은 사람들이 나를 그렇게 보며, 기도가 내 최고의 은사요 가장 깊은 갈망인 양 내게 말한다.

사실은 다르다. 나는 기도할 때 느낌이 별로 없다. 들끓는 감정도 없고 몸의 감각도 없고 정신적 환상도 없다. 내 오감에는 전혀 감각이 없다. 특별한 냄새도 없고 특별한 소리도 없고 특별한 광경도 없고 특별한 맛도 없고 특별한 움직임도 없다. 성령께서 오랜 세월 내 육체를 통해 분명히 역사하셨지만 지금은 아무런 느낌이 없다. 나는 나이가 들어가고 죽음이 가까워질수록 기도가 더 쉬워지려니 기대하며 살았다. 그러나 사실은 정반대인 것 같다. 지금의 내 기도를 가장 잘 묘사할 수 있는 말은 어두움과 무미건조함이 아닐까 생각된다.

이 어두움과 무미건조함은 내 과다한 활동에도 일부 원인이 있을 것이다. 나이가 들수록 나는 더 바빠지고 기도하는 시간이 점점 줄어든다. 하지만 그런 식으로 나를 탓하지 말아야 할지도 모른다. 진짜 질문은 이것이다. '이 어두움과 무미건조함은 무엇인가? 나를 어디로 부르시려는 것일까?'…… 나는 예수께서 생애 끝에 하나님께 버림받은 기분을 느끼셨음을 안다. 그분은 십자가 위에서 부르짖으셨다. "나의 하나님, 나의 하나님, 어찌하여 나를 버리셨나이까?"(마 27:46) 그분의 육체는 가해자들에게 짓밟혔고, 그분의 정신은 더 이상 존재의 의미를 추스를 수 없었으며, 그분의 영혼은 한 점 위로도 맛볼 수 없었다. 그럼에도 바로 그 찢어진 심장에서 새 생명의 표징인 물과 피가 쏟아져 나왔다.

내 기도의 어두움과 무미건조함은 하나님의 부재의 신호인가? 아니면 내 감각으로 수용할 수 없는 보다 깊고 넓은 임재의 신호인가? 내 기도의 죽음은 하나님과의 친밀한 관계의 종말인가? 아니면 말과 감정과 몸의 감각을 초월하는 새로운 연합의 시작인가?

30분 동안 자리에 앉아 하나님의 임재 안에서 기도하려 하지만 별다른 일이 일어나지 않는다.…… 그럼에도 이 시간이야말로 예수님과 함께 죽는 길일지 모른다.

오랜 여정이 내 기도생활에 방해가 되었다. 아침에 한 시간을 단순히 예수님 앞에 있는 것이 얼마나 어려워졌는지 새삼 확인했다. 떠나기 전에는 없었던 일종의 싫증이나 냉담함 같은 것을 느낀다. 일종의 영적 피로, 미지근한 상태다. 내 기분과 생각과 내가 바라는 것이 정확히 무엇인지 알기 어려운 상태다. 고인 물에 떠 있는 한 조각 부목浮木 같다. 일체 움직임이 없는 듯하다. 다시 움직이게 하는 방법도 없는 것 같다. 피곤한데도 잠을 잘 못 잔다. 사람들과 얘기하는데도 제대로 통한다는 기분이 없다. 많은 일을 하지만 별로 나타나는 성과가 없다. 우울한 것은 아니다. 그저 멍하고 약간 냉담

할 뿐이다. 일시적 탈진일지도 모른다. 두렵지는 않다. 예수님 곁에 가까이 머물려 한다. 다른 사람들과 함께하는 기도가 가장 큰 도움이 된다. 친구들과 함께 드리는 아침기도와 저녁기도를 무척 즐기고 있다. 네이턴이 나와 함께 기도해 주는 것이 아주 고맙다. 친구들이 나를 예수님 곁에 머물게 해준다. 그저 그들의 사랑을 마셔야 한다. 그들의 기도를 받으며 그들과 함께 기도해야 한다.

끊임없는 생각을 끊임없는 기도로

우리 마음은 언제나 활동을 쉬지 않는다. 우리는 분석하고 반추하고 공상하고 꿈꾼다. 밤이든 낮이든 우리는 생각하지 않는 순간이 없다. 우리의 생각은 '끊임없다'고 할 수 있다. 때로 잠시라도 생각을 멈출 수 있었으면 하고 바랄 때도 있다. 그러면 많은 염려와 죄책감과 두려움에서 벗어날 수 있으리라. 사고 능력은 우리에게 가장 큰 선물이지만 가장 큰 고통의 원천이기도 하다. 우리는 끊임없는 생각의 피해자가 되어야만 할까? 아니다. 우리는 끊임없는 생각을 끊임없는 기도로 바꿀 수 있다. 내면의 독백을 모든 사랑의 근원이신 우리 하나님과의 지속적인 대화로 바꾸면 된다.

고립 상태에서 빠져나오자. 우리 존재의 중심에 거하시는 분이 우리 마음을 지배하고 점유하는 모든 것들을 사랑으로 들어주기 원하신다는 사실을 깨닫자.

지성의 장애물

이번 주는 읽고 쓰는 것이 전부 기도에 관한 것이다. 그 일로 너무 바쁘고 종종 너무 흥분된 나머지 정작 기도할 시간이 전혀 없다. 기도해도 기도 자체보다 기도에 관한 아이디어에 더 마음이 끌린다…….

내 지적 세계가 기도에 도움 못지않게 장애물이 된다는 느낌이 강하게 든다. 기도중에 좋은 통찰을 바라지 않기가 힘들다. 나 자신과의 긴 내적 대화에 빠지지 않기도 힘들다. 모종의 통찰이 떠오를 때마다 나는 그것을 강의나 설교나 기사에 어떻게 써먹을 수 있을지 그 생각으로 바쁘다. 그렇게 나 자신의 잡념에 완전히 파묻혀서 머잖아 하나님과 멀어지고 만다. 예수님 기도가 내게 정말 좋은 것이 그 때문일 것이다. "주 예수 그리스도여, 저를 불쌍히 여겨 주소서." 러시아 농부가 그러했듯이 이 기도를 단순히 백 번, 천 번, 만 번 반복하다 보면 서서히 마음이 깨끗해지면서 하나님께 좀 더 기회를 내드리게 된다.

염려를 기도로

염려를 멈추는데 가장 효과적이지 않은 방법은 염려중인 그 문제를 생각하지 않으려 애쓰는 것이다. 염려란 생각으로 떨쳐 낼 수 있는 것이 아니다.…… 하나님 나라를 구하라는 예수님의 권고는 약간 역설적이다. 이렇게 해석할 수 있다. "염려하고 싶거든 수고의 가치가 있는 문제로 염려하라. 너희 가정, 네 친구들, 내일 있을 모임보다 더 큰 문제로 염려하라. 진리, 생명, 빛 등 하나님의 일로 염려하라!"

그런 일에 마음을 두는 순간 놀랍게도 우리 마음은 방랑을 멈춘다. 지금 여기 우리와 함께 계시는 그분, 우리의 가장 절실한 필요를 늘 채워 주시는 그분과 연합에 들어서기 때문이다. 그렇게 염려는 기도가 되며, 우리의 무력감은 성령의 능력을 입었다는 인식으로 변화된다…….

그렇다고 우리의 염려가 끝날까? 아닐 것이다. 긴장과 압박으로 가득 찬 이 세상에 사는 한 우리 마음은 결코 염려에서 벗어날 수 없다. 그러나 마음과 뜻을 다해 하나님 사랑의 품으로 계속 돌아갈 때 우리는 염려에 찬 자신을 늘 웃어넘길 수 있다. 하나님 나라의 광경과 소리에 늘 눈과 귀를 열어 둘 수 있다.

염려의 두드러진 특징 중 하나는 그것이 우리 삶을 조각조각 분열시킨다는 것이다. 생각하고 계획하고 수행해야 할 많은 일들, 기억하고 찾아가고 대화해야 할 많은 사람들, 공격하거나 변호해야 할 많은 주장들, 이 모든 것이 우리를 사방으로 잡아당겨 중심을 잃게 한다. 염려는 우리를 '모든 곳'에 다 닿되 집에는 오지 못하게 한다.…… 우리는 자신이 속한 곳을 알고는 있지만 마치 집 없는 사람처럼 계속 사방팔방으로 끌려 다닌다. '이 모든 것'은 계속 우리의 관심을 요구한다. 집에서 너무 멀리까지 끌려가다 보니 결국 진짜 주소, 곧 우리가 부름받을 수 있는 곳을 잊고 만다.

예수님은 찬 듯하면서도 못다 차 있고, 바쁜 듯하지만 단절되어 있고, 모든 곳에 다 있되 집에만은 없는 이런 상태에 해답을 주신다. 그분은 우리를 본래 속한 곳으로 데려다주기 원하신다. 그러나 영적인 삶을 살라는 그분의 부르심은, 집 잃고 염려하는 자신의 실존을 정직히 고백하고 그것이 일상생활에 미치는 분열의 위력을 기꺼이 인정할 때에만 들을 수 있다. 그때에만 참 고향을 향한 열망이 생겨날 수 있다. "염려하여…… 하지 말라. 너희는 먼저 그의 나라…… 를 구하라. 그리하면 이 모든 것을 너희에게 더하시리라." 이 구절에서 예수님이 말씀하신 것이 바로 그 열망이다.

잡념은 어찌할 것인가

하지만 우리의 많은 잡념은 어찌할 것인가? 그런 잡념과 맞서 싸우면서 그 결과로 하나님의 음성에 더 민감해지기를 기대해야 하는가? 그것은 기도에 이르는 길이 아닌 듯싶다. 모든 에너지를 잡념과 싸우는 데 쏟아 부으면서 성령의 음성을 들을 수 있는 빈 공간을 만들기란 쉽지 않다. 그렇게 직접적인 방법으로 잡념과 싸우다 보면, 결국은 필요 이상으로 잡념 자체에 더 주의를 쏟게 된다.

그러나 우리에게는 마땅히 주의를 쏟아야 할 성경말씀들이 있다. 시편, 비유, 성경 기사, 예수님의 말씀, 바울이나 베드로나 야고보나 유다나 요한의 말씀, 이런 것들이 우리 주의를 하나님의 임재에 고정시키는 데 도움이 될 수 있다. 이렇게 우리는 이 '많은 다른 것들'로부터 우리를 지배할 수 있는 힘을 박탈해야 한다. 성경말씀을 고독의 중심에 놓으면 그 말씀이—짧은 표현이든 문장 몇 개든 긴 본문이든—우리가 딴 방향으로 빗나갈 때마다 다시 돌아올 수 있는 기준점 역할을 한다. 그 말씀들은 풍랑 이는 바다에서 안전하게 닻을 내릴 수 있는 지점을 제공한다.

내면의 적과 사귀기

정욕과 분노라는 내면의 적과 어떻게 사귈 수 있을까? 적의 말을 들음으로써 가능하다. 정욕과 분노는 말한다. "나에게는 채워지지 않은 필요가 있다. 나를 진짜 사랑하는 자는 누구인가?" 우리는 정욕과 분노를 귀찮은 손님처럼 쫓아내기보다는 그것을 통해 자신의 불안하고 쫓기는 마음에 뭔가 치유가 필요함을 깨달을 수 있다. 우리의 안절부절못하는 마음은 정욕과 분노가 더 깊은 사랑의 길로 바뀔 수 있는 참된 내적 안식을 요구한다.

정욕과 분노에는 길들여지지 않은 에너지가 많이 들어 있다! 그 에너지가 좋은 사랑으로 방향을 틀 수 있을 때, 우리는 자신뿐 아니라 내 정욕과 분노의 피해자가 될 수 있는 사람들까지 변화시킬 수 있다. 인내가 필요하지만 가능한 일이다.

모든 두려움에서 벗어남

예수님은 우리로 하여금 하나님에 대한 두려움을 극복하게 해주시려고 이 땅에 오셨다. 하나님을 두려워하는 한 우리는 하나님을 사랑할 수 없다. 사랑은 친밀함, 가까움, 서로 약한 모습을 보이는 것, 깊은 안전감을 뜻한다. 그러나 두려움이 있는 한 이 모든 것은 불가능하다. 두려움은 의심과 거리감과 방어적 태도와 불안을 낳는다.

영적인 삶의 가장 큰 장애물은 두려움이다. 기도와 묵상과 교육은 절대 두려움에서 나올 수 없다. 하나님은 온전한 사랑이시다. 전도자 요한은 "온전한 사랑이 두려움을 내어쫓나니"라고 썼다(요일 4:17). 예수님의 중심 메시지는, 하나님이 무조건적 사랑으로 우리를 사랑하시되 그 반응으로 모든 두려움에서 벗어난 우리의 사랑을 원하신다는 것이다.

안팎의 두려움으로 고통당하는 이들, 자신의 마음이 갈망하는 친밀함이 있는 사랑의 집을 애타게 찾는 이들에게 예수님은 말씀하신다. "네게는 집이 있다.…… 내가 네 집이다.…… 나를 네 집으로 주장하여라.…… 그곳은 내가 내 집을 삼은 친밀한 곳임을 알게 될 것이다.…… 바로 네가 있는 곳이다.…… 네 존재 가장 깊은 곳이다.…… 네 마음속이다." 이런 말씀에 귀 기울일수록 우리는, 자신이 찾는 것을 얻으려고 멀리까지 갈 필요가 없다는 사실을 깨닫게 된다.

비극은 우리가 두려움에 찌든 나머지 자신의 가장 깊은 내면을 친밀한 곳으로 믿지 못한 채, 자신이 아닌 다른 곳에서 그것을 찾으려고 걱정하며 방황한다는 것이다. 우리는 그 친밀한 곳을 지식과 능력과 명예와 성공과 친구와 감각과 쾌락과 꿈속에서 찾으려고 한다. 인위적으로 유도된 의식 상태에서 그것을 찾으려고 한다. 우리는 자신에게 이방인이 된다. 주소는 있으나 한번도 집에 없는, 그리하여 참 사랑의 음성이 부르려고 해도 부를 수 없는 자가 되는 것이다.

방주는 이 시대의 풍랑에 흔들리는 집이다. 조금이라도 두렵지 않은 사람은 아무도 없다. 그러나 예수님이 방주 안에 계신다. 주무시는 중이다! 그분은 우리 곁에 계신다. 우리가 걷잡을 수 없는 두려움으로 그분을 안타까이 깨우며 "주여, 구원하소서. 우리가 죽겠나이다" 하고 부르짖을 때마다 그분은 말씀하신다. "어찌하여 무서워하느냐? 믿음이 적은 자들아." 그러고는 바람과 바다를 꾸짖어 다시 잔잔케 하신다(마 8:23-27 참조). 방주는 우리 집이다. 예수님도 그곳을 당신의 집 삼으셨다. 그분은 우리와 함께 다니시며, 우리가 겁에 질리거나 자신과 타인을 파멸로 몰아넣고 싶을 때마다 계속 새로운 확신을 주신다. 우리와 함께 다니시면서, 그분은 우리에게 사랑의 집에서 사는 법을 가르치신다. 그분의 가르침을 깨닫기란 결코 쉽지 않다. 우리가 끊임없이 높은 파도와 강한 바람과 거센 풍랑을 보기 때문이다. 우리는 늘 이렇게 말한다. "좋아요, 좋아요.…… 하지만 저것 좀 보세요!"

　예수님은 인내심 많은 스승이시다. 그분은 지칠 모르고 우리에게 참 집과 마땅히 구할 바와 살아가는 법을 일러 주신다. 마음이 산만할 때 우리는, 모든 위험에 마음이 팔려 이미 들은 말씀을 잊어버린다. 그러나 예수님은 거듭거듭 다시 말씀하신다. "내 안에 거하라. 나도 너희 안에 거하리라.…… 저가 내 안에, 내가 저 안에 있으면 이 사람은 과실을 많이 맺나니.…… 내가 이것을 너희에게 이름은 내 기쁨이 너희 안에 있어 너희 기쁨을 충만하게 하려 함이니라"(요 15:4-5, 11). 이처럼 예수님은 우리를 친밀하고 열매가 풍성하며 환희에 찬 삶으로 부르신다. 그곳이 그분의 집이자 우리 집이기도 하다.

변하는 기분 극복
자신의 기분에 따라 수동적 피해자로 사는 것이 우리의 운명일까? "오늘은 기분 좋습니다. 오늘은 저기압입니다." 그저 그렇게 말하며 남들에게 내 기분에 맞춰 살 것을 요구해야 할까?

기분을 통제한다는 것이 아주 어려운 일이기는 하지만, 우리는 잘 훈련된 영적 삶을 통해 점차 기분을 극복할 수 있다. 그렇게 되면 기분대로 행동하지 않아도 된다. 인생이 허망하고 날 사랑해주는 이가 아무도 없고 일이 지겹게 '느껴져' 아침에 자리에서 일어날 '기분'이 아닐 수도 있다. 그러나 어쨌든 일어나 잠시 복음서를 읽고 시편으로 기도하며 새날을 주신 하나님께 감사하면, 우리를 지배하려던 기분이 힘을 잃고 만다.

기도가 쓸데없어 보일 때

내가 화낸 사람들, 내게 화난 사람들, 읽어야 할 책과 써야 할 책들, 한순간 우연히 마음을 스치는 오만 가지 잡생각들. 그런 생각 외에 달리 하는 일도 없는데 왜 굳이 한 시간을 기도하며 보내야 할까? 답은 이것이다. 하나님이 내 마음과 생각보다 크시며, 실제 기도의 집에서 일어나는 일은 인간의 성패成敗의 기준으로 측량할 수 없기 때문이다.

무엇보다 내가 할 일은 충실해지는 것이다. 마음과 뜻과 목숨을 다해 하나님을 사랑하는 것을 정말 첫째 계명으로 믿는다면, 적어도 나는 하루 한 시간은 하나님과 단둘이 보낼 수 있어야 한다. 그것이 유익하고 유용하고 실용적이고 실속 있는지 아닌지는 하등 상관이 없다. 사랑의 유일한 이유는 사랑 자체인 까닭이다. 나머지 모든 것은 부차적인 것이다.

그러나 놀라운 일이 있다. 아무리 마음이 번잡스럽고 잡념이 미로 같을지라도, 아침마다 한 시간씩—매일, 매주, 매달—하나님의 임재 안에 앉아 있으면 내 삶이 근본적으로 달라진다. 나를 정죄하기 위함이 아니라 구원하기 위해 독생자를 보내시기까지 사랑하시는 하나님은, 내가 어둠 속에서 하염없이 기다리도록 두시지 않는다. 매시간이 쓸데없다고 생각될지 모르지만 그런 쓸데없는 시간이 30시간, 60시간, 90시간이 지나고 나면, 내가 생각처럼 혼자가 아니었다는 사실을 서서히 깨닫는다. 작고 세미한 음성이 내 시끄러운 곳 저 너머에서 이미 내게 말씀하고 계셨던 것이다.

그러므로 확신을 갖고 주님을 의지하라.

기도는 아직도 어렵기만 하다. 그럼에도 아침마다 라 페름La Ferme 뜰을 걸으며 묵주기도를 드리고 한 시간 동안 기도실에 앉아 단순히 하나님의 임재 안에 있노라면, 내가 시간 낭비를 하고 있지 않음을 안다. 마음이 한없이 산만함에도 불구하고 성령께서 내 안에서 일하고 계심을 나는 안다. 깊은 신앙적 깨달음이나 느낌은 전혀 없을지라도 생각과 감정을 뛰어넘는 평안을 느낀다. 새벽기도가 별로 성과 없는 시간 같아도 나는 언제나 그 시간을 고대하며 특별한 시간으로 지킨다.

    12월 14일자 「태블릿 *The Tablet*」지에 실린 존 채프먼John Chapman 수도사의 기도에 관한 짧은 글이 내게 큰 희망을 주었다. 그의 신앙 편지 중 하나에서 발췌한 글이다.…… 내가 가장 좋아하는 문장은 이것이다. "기도의 유일한 길은 기도하는 것이며, 기도를 잘하는 길은 기도를 많이 하는 것이다."[6] 채프먼의 건전한 지혜가 내게 정말 도움이 된다. 현실적인 충고요 정말 맞는 말이다. 우리가 기도하는 첫 번째 이유는 기분이 내키거나 도움이 되기 때문이 아니라 하나님이 우리를 사랑하시며 우리의 주목을 원하시기 때문이다. 모든 것은 그 한 가지 요지로 압축된다.

기도의 체험 중 하나는, 아무 일도 일어나지 않는 듯 보인다는 것이다. 그러나 꾸준히 기도한 뒤 오랜 기도의 세월을 되돌아보면 뭔가 일어난 것을 돌연 깨닫는다. 가장 가까운 것과 가장 친밀한 것과 가장 확연한 임재는, 직접 느껴지지 않고 일정한 거리를 두고서만 느껴질 수 있다. 산만한 마음으로 시간만 허비하고 있다고 생각될 때 실은 뭔가 일어나고 있다. 너무 가까이서 일어나는 일이라 당장은 알고 이해하고 느끼기 어렵다. 오직 회고를 통해서만 나는 뭔가 아주 중요한 일이 일어난 것을 깨닫는다. 인생의 진정 중요한 사건은 모두 마찬가지 아닐까?…….

기도에 관해 생각할 때면, 나는 그 주제에 대해 감동적 언어로 말하거나 확신에 찬 글을 쓸 수 있다. 두 상황 모두 실제로 기도하는 것이 아니라 일정한 거리를 두고 기도에 관해 생각하는 것이다. 그러나 정작 **기도할** 때면 내 기도는 종종 아주 혼란스럽고 무미건조하고 깨달음도 없고 산만해 보인다. 하나님이 곁에 계시지만 너무 가까워 느낄 수 없을 때가 많다. 하나님은 내가 나에게 가까운 것보다 더 가까이 계셔서, 내 감정이나 생각의 주제가 되지 못한다.

이런 의미에서 나도 사도들의 체험에 동참하고 있는 것이 아닐까? 예수님이 몸으로 함께 계실 때 그들은 눈앞에 벌어지는 일을 온전히 깨닫거나 이해하지 못했다. 나중에 그분이 떠나시고 나서야 그들은 그분이 자기들에게 얼마나 가까이 계셨는지 깨닫고 느끼고 이해했다. 부활 후의 그 체험이, 이후 그들의 기대의 기초가 되었다.

기도해도 아무 일 없는 것처럼 느껴질 때가 많다. "그저 자리에 앉아 마음만 산만할 뿐이다." 그것이 우리의 심정이다. 그러나 하루 30분씩만 사랑의 음성을 들으며 보내는 훈련을 쌓는다면 내가 의식조차 못하는 일이 일어나고 있는 것을 서서히 깨닫게 된다. 내게 복 주시는 그 음성은 나중에 되돌아볼 때만 느껴질 수 있다. 듣는 시간에 일어난 일은 어지러운 잡생각에 지나지 않았다고 생각될 수 있다. 그러나 점점 그 고요한 시간을 고대하며, 행여 놓치면 아쉬워하는 자신을 보게 된다. 성령의 움직임은 아주 미세하고 부드럽다. 그리고 숨어 있다. 그것은 주의를 끌려 하지 않는다. 그러나 그것은 아주 집요하고 강하고 깊은 움직임이기도 하다. 그 움직임은 우리 마음을 근본적으로 바꿔 놓는다.

하나님의 부재와 임재

기도할 때 하나님의 임재는 하나님의 부재와 끊을 수 없으며, 하나님의 부재는 하나님의 임재와 끊을 수 없다. 하나님의 임재는 인간의 '함께 있음'의 체험을 훌쩍 뛰어넘는 것이기에 부재로 느껴지기가 아주 쉽다. 반면에 하나님의 부재는 종종 너무 깊이 느껴져서 하나님의 임재에 대한 새로운 의식으로 이어진다. 시편 22:1-5에 그것이 유감없이 표현되어 있다.

내 하나님이여, 내 하나님이여, 어찌 나를 버리셨나이까?
어찌 나를 멀리하여 돕지 아니하옵시며 내 신음하는 소리를
듣지 아니하시나이까?
내 하나님이여, 내가 낮에도 부르짖고 밤에도 잠잠치 아니하오나
응답지 아니하시나이다.
이스라엘의 찬송 중에 거하시는 주여,
주는 거룩하시니이다.
우리 열조가 주께 의뢰하였고
의뢰하였으므로 저희를 건지셨나이다.
저희가 주께 부르짖어 구원을 얻고
주께 의뢰하여 수치를 당치 아니하였나이다.

이 기도는 이스라엘 백성의 체험의 표현일 뿐 아니라 기독교 체험의 절정이기도 하다. 예수께서 십자가에서 이 말씀을 하셨을 때 완전한 고독과 완전한 수용이 서로 만났다. 그 완전한 비움의 순간에 모든 것이 이루어졌다. 그 어둠의 시간에 새 빛이 보였다. 죽음이 증거되는 동안 생명이 확증되었다. 하나님의 부재가 가장 절절히 체험되는 시간에 하나님의 임재가 가장 깊이 계시되었다.…… 기도할 때 우리는 그 신비 속으로 들어가는 것이다.

성찬

기도는 떡을 뗄 때 가장 깊이 표현된다.
「긍휼」

성찬식이야말로 가장 평범하면서도 가장 신성한 몸짓이다.
「뜨거운 마음으로」

떡을 떼기를 힘쓰다

순간을 온전히 살며 그 속에서 성령 치유의 임재를 인식하기 위한 하나의 훈련인 기도는, 떡을 뗄 때 가장 깊이 표현된다. 긍휼과 기도와 떡을 뗌의 밀접한 관계가 초대교회 공동체의 묘사에 잘 나타나있다. "저희가 사도의 가르침을 받아 서로 교제하며 떡을 떼며 기도하기를 전혀 힘쓰니라.…… 기쁨과 순전한 마음으로 음식을 먹고 하나님을 찬미하며 또 온 백성에게 칭송을 받으니"(행 2:42-47). 떡을 떼는 일은 기독교 공동체의 핵심을 차지한다.…… 그리스도와 하나님께서 보내신 성령이 공동체에 가장 가시적으로 임재하는 것은 바로 함께 떡을 뗄 때이다. 그러므로 떡을 떼는 것은 '현실생활'의 고통을 잊고 꿈같은 의식儀式으로 도피하려는 순간이 아니라, 오히려 삶의 핵심을 축제로 표출하는 것이다.

함께 떡을 뗄 때 우리는, 그리스도의 삶과 그분 안에 있는 우리 삶의 실제 사연을 서로에게 드러낸다. 예수님은 떡을 취하여 감사하신 후에 떼어 친구들에게 주셨다. 배고픈 무리를 보시고 불쌍히 여기셨을 때 그리하셨다(마 14:19, 15:36). 죽으시기 전날 밤 작별을 고하실 때 그리하셨다(마 26:26). 엠마오 가는 길에서 두 제자를 만나 자신을 알려 주실 때 그리하셨다(눅 24:30). 그분이 죽으신 뒤로 그리스도인들은 지금까지 그분을 기념하여 그 일을 해왔다. 그러므로 떡을 떼는 것은 그리스도의 사연과 우리의 사연을 기념하는 축제요, 그것을 현실로 임재케 하는 행위다. 떡을 취하여 감사하고 떼어 나누어 줄 때 그리스도의 삶의 신비는 가장 극명하게 표현된다…….

예수 그리스도는 그렇게 취하여 감사하고 떼어 나누어 준 당신의 삶에 우리가 참여하기 원하신다. 그래서 제자들과 함께 떡을 떼실 때 "이를 행하여 나를 기념하라"고 하신 것이다(눅 22:19). 그리스도를 기념하여 함께 떡을 먹고 포도주를 마실 때 우리는 그분 자신의 긍휼의 삶과 깊이 연합된다. 사실 우리가 그분의 삶이 된다. 그리하여 우리 시대, 우리 장소에 그분의 삶을 다시 나타낼 수 있게 된다. 우리의 긍휼은 모든 시대, 모든 장소에 사시는 하나님의 긍휼의 표출이 된다.

떡을 통한 연결

함께 떡을 뗄 때 우리는 우리의 깨어진 상태의 실체를 부정하지 않고 새삼 확인한다. 우리가 하나님의 증인으로 택함받아 구별된 자임을, 우리가 은혜의 말씀과 행위로 복 받은 자임을, 우리가 복수나 폭행 때문이 아니라 남들의 음식으로 소용될 빵이 되기 위해 깨어진 자임을 이전 어느 때보다 실감하게 된다. 두 명, 세 명, 열 명, 백 명, 천 명이 한 떡을 먹고 한 잔을 마심으로 그리스도의 깨어져 부어진 삶에 연합될 때, 우리는 나 자신의 삶이 그분 삶의 일부임을 깨달으며 서로를 형제자매로 보게 된다.

　이 세상에는 인류의 하나됨을 높이고 기릴 수 있는 자리가 별로 남아 있지 않다. 그러나 떡과 포도주의 소박한 상징물 앞에 함께 모일 때마다 우리는, 많은 벽을 허물며 인간가족을 향한 하나님의 뜻을 조금이나마 깨닫는다. 그런 일이 벌어질 때마다 우리는, 서로의 행복뿐 아니라 이 세상 모든 사람의 행복에 더 많은 관심을 쏟도록 부름받는다.

그러므로 떡을 뗄 때…… 우리는 압제와 고문으로 심신이 깨어진 자들, 이 세상이라는 감옥에서 삶이 망가진 자들과 하나로 이어진다. 음식과 집이 없어 신체적·정신적·영적 아름다움이 피어나지 못하는 남녀노소들과 연결된다.

이 '떡을 통한 연결'이야말로, 모든 사람들의 일용할 양식을 위해 전력으로 일하도록 우리를 격려한다. 그럴 때 우리의 합심기도는 합심의 노동이 되며, 떡을 떼라는 부르심은 행동의 부르심이 된다.

떡 속에 숨어 계신 예수님

언젠가 테레사 수녀님이 내게 해주신 말씀이 지금도 기억난다. 성찬식에서 예수님을 보지 못하는 한, 가난한 이들 안에서 그분을 볼 수 없다 하셨다. 그때는 그 말이 나로서는 아주 어렵고 고차원적인 말로 들렸다. 장애인들과 일년 동안 함께 살면서 이제야 그 말의 의미를 조금 알 것 같다. 하늘로서 내려오는 빵의 숨겨진 실체 안에서 예수님을 보지 못한다면 인간 안에서 그분을 본다는 것은 정말 불가능한 일이다. 보통 우리는 인간 안에서 여러 가지 다른 모습을 본다. 천사와 악마, 성인과 야수, 선한 영혼과 악한 권력의 미치광이. 그러나 모든 인간의 마음은 예수님의 처소다. 그것은 예수께서 너를 얼마나 사랑하시며 친히 너의 일용할 양식이 되기 원하시는지 인격적 체험을 통해 깨달을 때에만 비로소 알 수 있는 사실이다. 성찬식을 통해 예수님의 임재가 네 마음에 와닿을 때, 너는 다른 이들의 마음속에서도 똑같은 임재를 알아볼 수 있는 새로운 눈을 뜨게 된다. 마음은 마음에 말한다. 내 마음에 계신 예수님이 동료 인간의 마음에 계신 예수님께 말씀하시는 것이다. 그것이 성찬식의 신비이며, 우리는 그 신비의 한 부분이다.

예수님의 내려가는 길에 동참하기

성찬식은 마음속에 예수님의 내려가는 삶을 깨닫는 통로로 우리에게 주어진 사랑의 성례다. 예수님은 친히 말씀하신다. "나는 하늘로서 내려온 산 떡이니 사람이 이 떡을 먹으면 영생하리라." 예수님의 내려가는 길이 어떻게 네 길이 될 수 있는지 이 말씀에서 알 수 있다. 하늘의 떡을 먹을 때마다, 너는 예수님과 좀 더 깊이 연합될 뿐 아니라 그분과 함께 내려가는 길을 걷는 법을 점차 배우게 된다.

예수님은 우리에게 자신을 온전히 주고 싶어 우리의 음식이 되셨다. 이 음식을 먹을 때마다 우리 안에도 남에게 자신을 내주고 싶은 열망이 생긴다. 성찬식에서 만나는 자기희생의 사랑이야말로 진정한 기독교 공동체의 근원이다. 바울은 여기에 대해 아주 분명했다. 그는 예수님의 내려가는 삶을 공동체생활의 모델로 제시한다. "마음을 같이하여 같은 사랑을 가지고 뜻을 합하며 한마음을 품어 아무 일에든지 다툼이나 허영으로 하지 말고 오직 겸손한 마음으로 각각 자기보다 남을 낮게 여기고 각각 자기 일을 돌아볼 뿐더러 또한 각각 다른 사람들의 일을 돌아보아 나의 기쁨을 충만케 하라"(빌 2:2-4).

이런 마음이 구체적으로 표현된 것이 바로 "하나님과 동등됨을 취할 것으로 여기지 아니하시고 오히려 자기를 비어 종의 형체를 가진" 예수님의 내려가는 삶이다. 이것이 성찬식의 정신이다. 예수님의 몸을 먹고 그 피를 마실 때마다 우리는 그분의 내려가는 삶에 동참하는 것이요, 그리하여 경쟁과 다툼의 자리에 하나님의 사랑이 들어선 공동체를 이루는 것이다.

예수님을 따르기 위해 너 자신이 가야 할 길을 구체적으로 심각하게 찾고 있다면, 너 혼자 하지 말고 성찬의 공동체 안에서 하기 바란다. 날이 갈수록 예수님의 길이란 공동체 ― 예수님을 믿고, 성찬의 식탁에 함께 모여 그 믿음을 고백하는 이들 ― 밖에서는 찾을 수 없다는 확신이 깊어진다. 성찬식은 교회 존재의 핵심이요 심장이다. 성찬식 없이는 하나님의 백성도 없고 믿음의 공동체도 없고 교회도 없다. 교회를 떠나는 이들이 끝까지 예수님을 붙들기가 어려운 모습을 너도 자주 볼 것이다. 교회가 성찬의 공동체라는 점을 생각할 때 그것은 너무 당연한 일이다. 그 성찬의 공동체 안에서 예수님은 자신의 몸과 피를 우리에게 선물로 주신다. 바로 나 자신의 삶속에서 사랑의 길을 찾게 해주는 하늘로서 내려온 선물이다.

연합에 들어서다

예수님을 우리 집으로, 곧 모든 밝은 면과 어두운 면이 공존하는 우리 삶으로 모셔들여 그분께 우리 식탁의 높은 자리를 내어드릴 때마다, 그분은 떡과 잔을 취하여 우리에게 주시며 말씀하신다. "내 몸이니 받아 먹으라. 내 피니 받아 마시라. 이것을 행하여 나를 기념하라……."

성찬식이야말로 가장 평범하면서도 가장 신성한 몸짓이다. 그것이 예수님의 진리다. 지극히 인간적이면서 지극히 신적이다. 아주 친숙하면서도 아주 신비롭다. 아주 가까우면서도 새로운 계시가 있다! 성찬식은 "근본 하나님의 본체시나 하나님과 동등됨을 취할 것으로 여기지 아니하시고 오히려 자기를 비어 종의 형체를 가져 사람들과 같이 되었고 사람의 모양으로 나타나셨으매 자기를 낮추시고 죽기까지 복종하셨으니 곧 십자가에 죽으신"(빌 2:6-8) 예수님의 사연이다. 그것은 우리 곁에 가까이 오기 원하시는 하나님의 이야기다. 그분은 우리가 우리 눈으로 하나님을 보고, 우리 귀로 하나님을 듣고, 우리 손으로 하나님을 만질 수 있을 만큼 가까이 오신다. 우리와 하나님 사이를 갈라 놓고 분리하는 것, 거리를 떼어놓는 것이 전혀 없을 만큼 가까이 오신다.

예수님은 **우리를 위한** 하나님이시고 우리와 함께 계신 하나님이시고 **우리 안에 계시는 하나님**이시다. 예수님은 자신을 완전히 주시며 우리를 위해 남김없이 부어 주시는 하나님이시다. 예수님은 자신의 소유를 아끼거나 거기 집착하시지 않는다. 그분은 줄 만한 것은 다 주신다. "먹으라. 마시라. 이것이 내 몸이다. 내 피다.…… 너희를 위한 나이다!"

성찬의 축제와 성찬의 삶의 핵을 이루는 것은, 바로 우리와 가장 친밀한 관계에 들어서려는 하나님의 이 강렬한 열망이다. 하나님은 특정한 시대 특정한 나라에 사는 한 인간이 되심으로, 인간 역사에 들어오기 원하실 뿐 아니라 언제 어디서나 우리의 일용할 양식과 음료가 되기 원하신다…….

연합은 하나님이 원하시는 바요 우리가 원하는 바이다. 그것은 하나님의 마음과 우리 마음의 가장 깊은 갈망이다. 우리 마음은 하나님께 지음받았고, 따라서 그것을 지으신 분만이 채우실 수 있다. 하나님은 우리 마음속에 연합에 대한 갈망을 심어 주셨다. 그 갈망은 하나님 외에는 아무도 채워 줄 마음도 없고 능력도 없다. 하나님은 그것을 아신다. 우리는 잘 모른다. 우리는 그 소속을 맛보려 줄곧 다른 곳을 찾아 헤맨다.…… 그러나 두 제자처럼 상실을 슬퍼하던 중에라도 길가다가 그분의 음성을 듣고 그분을 자신의 존재의 가장 깊은 곳으로 모셔들인다면, 우리는 내가 받으려고 기다려 온 연합이 곧 하나님이 주시려 기다려 온 그 연합이라는 사실을 알게 된다.

그리스도가 되는 것

예수님과의 연합은 그분처럼 된다는 뜻이다. 그분과 함께 우리는 십자가에 못박힌다. 그분과 함께 무덤에 눕는다. 그분과 함께 살아나, 엠마오로 떠난 낙심한 나그네들을 따라간다. 연합 곧 그리스도가 되는 것은, 우리를 새로운 존재 영역으로 데려간다. 하나님 나라에 들여 놓는다. 거기에는 기쁨과 슬픔, 성공과 실패, 칭찬과 비난,

건강과 질병, 생명과 죽음의 옛 장벽이 더 이상 존재하지 않는다. 거기서 우리는, 더 이상 분리하고 판단하고 갈라 놓고 평가하는 세상에 속하지 않는다. 거기서 우리는 그리스도께 속하고, 그리스도는 우리에게 속하며, 우리와 그리스도는 함께 하나님께 속한다. 떡을 먹고 그분을 알아본 두 제자는 홀연히 다시 혼자가 되었다. 그러나 처음 길 떠날 때의 그 혼자됨은 아니었다. 그들은 혼자이되 함께였고, 자신들 사이에 새로운 연합이 생겨난 것을 알았다. 그들은 더 이상 풀죽은 얼굴로 바닥을 보며 걷지 않았다. 그들은 서로를 보며 말했다. "길에서 우리에게 말씀하시고 우리에게 성경을 풀어 주실 때에 우리 속에서 마음이 뜨겁지 아니하더냐?"

성찬의 삶

성찬―감사―이란 결국 위로부터 오는 것이다. 그것은 우리가 스스로 만들어 낼 수 없는 선물이다. 받아야 하는 것이다. 값없이 주시는 것이요 값없이 받아야 하는 것이다. 여기 우리의 선택이 있다! 우리는 낯선 길손으로 오신 그분을 계속 낯선 자로 남겨두어 갈 길을 재촉하시게 할 수도 있다. 하지만 그분을 우리 내면생활로 모셔들여 우리 존재의 구석구석을 만지시게 하고, 우리의 원한을 감사로 바꾸시게 할 수도 있다. 억지로 그럴 필요는 없다. 사실 대부분의 사람들이 그렇게 하지 않는다. 그러나 매번 그 선택을 내릴 때마다 모든 것이 새로워진다. 가장 사소한 것조차도 달라진다. 우리의 작은 삶이 커진다. 하나님의 신비로운 구원 사역의 일부가 되는 것이다. 일단 그렇게 되면 더 이상 우연이나 뜻밖의 일이나 헛된 일은 존재하지 않는다. 가장 시시한 사건조차도 믿음과 소망과 무엇보다 사랑의 언어로 말한다. 그것이 성찬의 삶이다. 그 삶을 살 때, 모든 것은 노상에서 우리와 합류하신 분께 "감사합니다"라고 말하는 통로가 된다.

죽음과 영생

죽음은 끝이 아니라 시작이다.
「평화에 이르는 길」

예수님은 "내가 너희 안에 거하듯 너희도 내 안에 거하라"고 말씀하신다.
영생이란 이렇게 하나님이 우리 안에 거하시는 상태를 말한다.
「여기 지금 우리와 함께하시는 하나님」

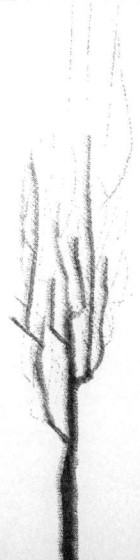

하늘의 상

우리는 삶에 분명한 목표가 있는가?…… 분명한 목표가 없다면 우리는 언제나 곁길로 빗나가 부수적인 일들에 에너지를 쏟게 되어 있다. 마틴 루터 킹은 자신을 따르는 사람들에게 "시선을 상prize에 고정하라"고 말했다. 우리의 상은 무엇인가? 하나님의 생명, 영원한 생명, 하나님과 함께하는 삶, 하나님 안에 있는 삶이다. 예수님은 그 목표, 그 하늘의 상을 우리에게 선포하셨다. 니고데모에게 그분은 이렇게 말씀하셨다. "하나님이 세상을 이처럼 사랑하사 독생자를 주셨으니 이는 저를 믿는 자마다 멸망치 않고 영생을 얻게 하려 하심이니라"(요 3:16).

시선을 영생에 고정한다는 것은 쉽지 않은 일이다. 더 다급하고 긴급한 일에 초점을 맞춰야 한다고 늘 우리를 다그치는 세상인지라 특히 그렇다.…… 그렇다면 우리는 어떻게 분명한 목표를 유지할 것인가? 어떻게 시선을 상에 고정할 것인가? 그것은 기도훈련을 통해 가능하다. 기도란 하나님을 거듭 우리 삶의 중심에 모시는 훈련이다. 우리는 언제나 산만하고 늘 많은 급한 요구로 바쁘게 마련이다. 그러나 우리에게 영생을 주시는 하나님께 돌아가는 시간과 장소가 따로 떼어져 있다면, 우리는 자신이 행해야 하고 말해야 하고 생각해야 하는 많은 일들이 더 이상 우리를 산만케 하는 것이 아니라 오히려 목표에 더 가까워지게 해준다는 사실을 점차 깨달을 수 있다. 그러나 가장 중요한 것은 늘 목표가 분명해야 한다는 것이다. 기도는 분명한 목표를 지켜 준다. 목표가 희미해질 때 기도하면 다시 분명해진다.

영생이란 언제인가

영생. 영생은 어디 있는가? 언제인가? 오래전 나는 영생이 이 땅에서 내 마지막 생일을 보낸 후에 얻는 삶인 줄 알았다. 지금껏 나는 영생을 '내세' 곧 '죽음 후의 삶'으로 이야기해 왔다. 그러나 나이가 들수록 '내세'에 대한 관심이 줄었다. 내일과 내년과 다음 10년에 대한 염려뿐 아니라, 다음 생에 대한 염려도 잘못된 집착으로 보인다. 사후에 내 모습이 어떻게 될까 고민하는 것은 한마디로 잡념으로 여겨진다. 내 분명한 목표가 영생이라면, 그 삶은 지금 내가 있는 이곳에서 얻을 수 있는 것이어야 한다. 영생이란 하나님 안의 삶이고 하나님과 함께하는 삶이며, 하나님은 지금 여기 내가 있는 곳에 계시기 때문이다.

영적인 삶―하나님 안의 삶―의 위대한 신비는, 그 삶을 먼 후일 일어날 일로 기다릴 필요가 없다는 것이다. 예수님은 "내가 너희 안에 거하듯 너희도 내 안에 거하라"고 말씀하신다. 영생이란 이렇게 하나님이 우리 안에 거하시는 상태를 말한다. 우리에게 영생을 주는 것은 내 삶의 중심에 계신 하나님의 활동적 임재―우리 안에 계시는 성령의 움직임―이다.

그래도 죽음 후의 삶은 어떻게 될까? 우리가 하나님과 연합하여 살 때, 하나님의 가족 일원이 될 때 '전'과 '후'는 더 이상 존재하지 않는다. 죽음은 더 이상 구분선이 아니다. 하나님께 속한 자들에게 죽음은 세력을 잃어버렸다. 하나님은 죽은 자의 하나님이 아니라 산 자의 하나님이시기 때문이다. 하나님 사랑의 품에 안기는 그 기쁨과 평안을 한번 맛보고 나면, 우리는 이미 모든 것이 잘된 것과 앞으로도 잘될 것을 안다. 예수님은 말씀하신다. "두려워 말라. 내가 죽음의 권세를 이겼다.…… 와서 나와 함께 거하라. 나 있는 곳에 너희 하나님이 계심을 알아라."

영생이 우리의 분명한 목표일진대 그것은 머나먼 목표가 아니다. 그것은 현재 순간에 다다를 수 있는 목표다. 우리 심령이 이 거룩한 진리를 이해할 때 우리는 영적인 삶을 살고 있는 것이다.

우리가 부모, 남편, 아내, 자녀, 교사, 동료, 친구로부터 받는 유한한 조건의 한시적 사랑은 하나님의 무한한 무조건적이고 영원한 사랑이 반영된 것이다. 그것을 거듭 깨닫는 것이야말로 위대한 영적 도전이다. 그 커다란 믿음의 도약을 할 때마다 우리는, 죽음이 더 이상 끝이 아니라 하나님의 온전한 사랑에 들어가는 문임을 알게 된다.

우리 안의 **영생** 가꾸기

예수님이 우리의 죽을 육체에 불멸을 입히러 오셨다는 것을 알 때 우리 안에는 그분과 함께 영원한 새 생명으로 태어나고 싶은 열망이 싹틀 수밖에 없다. 그리고 우리는 그것을 준비할 길을 찾아 나서게 된다.

이미 우리 안에 있는 예수 영의 삶-영생-을 계속 잘 가꾸는 것이 중요하다. 세례는 우리에게 그 생명을 주었다. 성찬식은 그것을 유지시켜 준다. 기도, 묵상, 영적 독서, 신앙 지도 등 우리의 많은 신앙 행위는 영생을 심화하여 굳건히 하는 데 도움이 된다. 성찬의 삶과 하나님 말씀의 삶을 통해 우리는, 서서히 필멸必滅의 육체를 떠나보내고 불멸不滅의 옷을 받을 준비가 되어 간다. 그러므로 죽음은 모든 것을 종식시키는 원수가 아니라, 우리 손을 잡아 영원한 사랑의 나라로 이끌어들이는 친구다.

죽음과 사귀기

우리는 실제로 죽음의 위험에 처하기 전에 죽음에 부딪쳐야 한다. 의식과 무의식의 모든 에너지가 생존을 위한 투쟁으로 향하기 전에 자신의 필멸성을 묵상해야 한다. 정말 중요한 일이다. 죽음을 준비하는 것은 중요한 일이다. 아주 중요한 일이다. 그러나 불치병에 걸린 후에야 죽음을 생각하기 시작한다면 그 묵상은 우리에게 꼭 필요한 도움이 되지 못할 것이다…….

그렇다면 우리의 첫 번째 과제는 죽음과 사귀는 것이다. '사귄다'는 표현이 마음에 든다. 나는 융 학파의 분석가 제임스 힐먼James Hillman에게서 그 표현을 처음 들었다. 그는 내가 예일대 신학부에서 기독교 영성을 가르칠 때 한 세미나에 참석했었다.…… 그는 '사귀는' 것의 중요성을 강조했다. 자신의 꿈과 사귀고 자신의 '그림자

shadow'와 사귀고 자신의 무의식과 사귀어야 한다는 것이다. 그는 온전한 인간이 되려면 자신의 체험을 종합적으로 수용해야 한다고 설득력 있게 피력했다. 인간이란 자기 인생의 밝은 면뿐 아니라 어두운 면까지 자아에 통합함으로써 성숙에 이른다는 것이다…….

　무의식의 마음속 깊은 곳에 도사리고 있는 무서운 미지의 정체인 죽음이야말로, 꿈속에서나 희미하게 지각되는 거대한 '쉐도우'가 아니던가? 죽음과 사귀는 것이야말로 다른 모든 형태의 사귐의 기초가 아닐까 싶다. 진정 죽음과 사귈 수 있다면 우리는 자유인이 될 것이다. 설명하기 어렵지만 왠지 그런 생각이 강하게 든다. 우리의 숱한 회의와 망설임과 동요와 불안은 죽음에 대한 뿌리깊은 두려움과 얽혀 있다. 죽음을 무서운 이방인이 아니라 친숙한 손님으로 대할 수만 있다면 우리 삶은 몰라보게 달라질 것이다.

　그러나 어떻게 죽음과 사귄단 말인가?…… 내가 보기에 사랑―인간의 깊은 사랑―은 죽음을 모른다.…… 진정한 사랑은 '영원'을 약속한다. 사랑은 언제나 영원을 향해 나아간다. 사랑은 우리 내면에 죽음이 발 들여놓을 수 없는 곳에서 나온다. 사랑은 시간과 날과 주와 달과 해와 세기의 한계를 받아들이지 않는다. 사랑은 시간에 갇히려 하지 않는다…….

　죽음의 부조리를 밝혀 주는 그 사랑이 또한 우리를 죽음과 사귀게 해준다. 슬픔의 기초를 이루는 그 사랑이 또한 희망의 기초가 된다. 우리를 고통으로 울부짖게 하는 그 사랑이 또한 우리로 하여금 자신의 깨어진 참 모습과 친해져 자유를 얻게 한다. 믿음이 없다면 다 모순처럼 들릴 수밖에 없다. 그러나 죽음을 이기시고 사흘 만에 무덤에서 부활하신 예수님을 믿기에 모순은 역설이 된다. 인간 실존의 가장 치유적 역설이다.

부활

부활은 죽음 문제에 대한 해답이 아니다. 그것은 고달픈 인생의 해피엔드도 아니며 하나님이 우리를 위해 마련해 두신 깜짝 선물도 아니다. 아니다. 부활은 예수님에 대한 그리고 당신의 모든 자녀들에 대한 하나님의 신실하심의 표현이다. 부활을 통해 하나님은 예수님께 "참으로 나의 사랑하는 아들이며, 내 사랑은 영원하다"고 말씀하셨다. 우리에게도 "너희는 참으로 내 사랑하는 자녀이며, 내 사랑은 영원하다"고 말씀하셨다. 부활이란, 하나님께 속한 것은 그 무엇도 폐기되지 않는다는 사실을 우리에게 계시하신 하나님의 방법이다. 하나님께 속한 것은 결코 잃어지지 않는다. 우리의 죽을 몸도 예외가 아니다. 부활은 죽으면 어떻게 될까? 어떤 모습일까? 등 내세에 대한 우리의 호기심과 의문에 답하지 않는다. 그러나 부활은 과연 사랑이 죽음보다 강하다는 사실을 우리에게 계시해준다. 그 계시를 받은 후 우리는 침묵해야 한다. 언제, 어디서, 어떻게, 왜를 다 버리고 단순히 믿어야 한다.

사랑의 집에 살다

그리스도는 모든 죽음—개개인의 죽음과 총체적 죽음—을 이기셨다. 그 승리로 인해 죽음은 더 이상 우리에게 최종 권세를 휘두르지 못한다. 우리는 더 이상 절망의 어두운 세계에 갇혀 있지 않고 이미 하나님 안에서 집을 찾았다. 그곳은 죽음의 자리가 없고 생명만 영원한 곳이다. 여전히 세상에 있어도 우리는 더 이상 세상에 속한 자가 아니다. 믿음으로 우리는 이미 하나님 가족의 일원이 되어 하나님의 다함없는 사랑을 맛본다. 자신의 참 소속을 알기에 우리는, 당당하고 단호하게 죽음을 물리침으로써 어디를 가든 겸손과 긍휼과 기쁨으로 생명을 선포할 수 있다.

내 집인 예수님께 오다

내 속 깊은 곳 어딘가에서, 이제 내 생명은 심각한 위험에 처해 있다는 느낌이 자꾸만 고개를 들었다. 나는 여태껏 한번도 가 본 적 없는 곳으로 천천히 들어가고 있었다. 바로 죽음의 문턱이라는 곳이었다. 나는 그곳이 어떤 곳인지 알고 싶었고, 그곳을 거닐어 보고 싶었고, 삶 너머 다른 삶을 위해 나 자신에게 필요한 준비를 하고 싶었다. 나는 두려워 보이는 그곳으로 의식적으로 걸어 들어갔는데, 죽음 저편의 존재양식에 대해 그토록 간절히 알고 싶었던 것은 정말 난생 처음이었다. 나는 내게 친숙한 세계를…… 놓아 보내려 했다. 뒤돌아보지 않고 앞만 보려 했다. 내 앞에 있는 그 문, 곧 내 앞에 열려 이제까지 보았던 세계 너머의 다른 세계를 내게 보여줄지도 모를 그 문만 뚫어져라 바라보았다.

나는 그분이 내 곁에 계시면서도 동시에 전 우주를 품고 계시다는 사실을 아주 구체적으로 깨달았다. 내가 기도했고 사람들에게 얘기했던 예수님이 바로 그분이셨으나, 이제 그분은 더 이상 어떤 기도나 말도 원하시지 않는다는 사실도 깨달았다. 모든 것이 온전했다. 그 경험을 압축해 두 개의 단어로 표현한다면 바로 생명과 사랑이다. 그러나 그 단어들은 진정한 임재 속에 육체가 되어 와 있었다. 그토록 친밀하게 나를 둘러싸고 있는 그 생명과 사랑 속에서, 죽음은 힘을 잃어 자취를 감추고 말았다. 마치 거센 파도가, 어디론가 사라져 버린 바다 한가운데를 지나고 있는 듯한 기분이었다. 건너편 해안에 이를 때까지 나는 안전하게 보호받고 있었다. 모든 질투와 원한과 분노가 눈 녹듯 사라졌고, 사랑과 생명이 내가 이제껏 염려해 온 그 어떤 힘보다도 크고 깊고 강하다는 사실을 목도했다.

그중 유난히 강하게 와닿는 느낌이 있었다. 집에 돌아온 느낌이었다. 예수님이 내게 자신의 집 문을 열어 주시며 이렇게 말씀하시는 것 같았다. "여기가 네 집이란다." 제자들에게 주고 가셨던 "내 아버지 집에 거할 곳이 많도다.⋯⋯ 내가 너희를 위하여 처소를 예비하러 가노니"(요 14:2)라는 말씀이 눈앞에 현실로 나타났다. 부활하여 이제는 아버지와 함께 거하시는 예수님이 오랜 여정을 지나온 나를 반가이 맞아 집 안에 들여 주신 것이다.

이 경험은 내 가장 깊고 오래된 갈망의 실현이었다. 의식이 돌아오는 순간부터 나는 예수님과 함께 있고 싶은 갈망을 느꼈다. 이제 나는 가장 생생한 방법으로 그분의 임재를 느꼈다. 마치 내 온 생애가 한데 모아져 사랑 속에 푹 잠기는 것 같았다. 고향집에 돌아 왔다는 그 느낌은 정말 '돌아온' 느낌, 하나님의 태胎 안으로 돌아 온 느낌이었다.

이제 내 안에 생명이 꺼져 가고 있음을 느끼면서, 나는 강한 열망을 느꼈다. 용서하고 용서받고 싶은 열망, 내가 내렸던 모든 평가와 의견을 다 날려 보내고 싶은 열망, 판단의 짐에서 벗어나고 싶은 열망이었다. 나는 수에게 이렇게 말했다. "나에게 상처를 준 모든 이들에게 전해 주십시오. 내가 마음 중심으로부터 용서한다고 말입니다. 그리고 나 때문에 상처받은 사람들에게도 말해 주십시오. 부디 용서해 달라고 말입니다." 그렇게 말하고 나자 마치 내가 계급장을 달고 육군 군목으로 복무할 때 허리에 차고 다녔던 넓은 가죽혁대와 멜빵을 다 벗어 버린 기분이었다. 허리에만 두른 것이 아니라 가슴이며 어깨까지 온통 휘감았던 혁대와 멜빵이었다. 그 혁대와 멜빵은 내게 위신과 권세를 가져다주었다. 그 힘으로 나는 사람들을 판단하고 명령을 내렸다. 복무 기간은 아주 짧았지만 내 기억에 혁대와 멜빵을 완전히 벗어 본 적은 한번도 없었다. 그러나 이제 나는 답답하게 옭아매는 그 혁대에 묶인 채 죽음을 맞이할 마음이 전혀 없다는 것을 깨달았다. 죽을 때 나는 아무 권세 없이, 혁대와 멜빵도 벗어 버리고, 모든 판단에서 완전히 벗어난 모습으로 죽어야 했다.

그 순간 이후 나는 자신을 주님께 온전히 의탁했고 그러자 마치 어미닭의 날개 아래 숨은 작은 병아리라도 된 심정이었다. 그런 안전감은 고통이 모두 끝났다는 의식과 맞물려 있었다. 내가 받고 싶은 사랑을 받을 수 없는 데서 오는 고통, 내가 가장 베풀고 싶은 사랑을 줄 수 없는 데서 오는 고통, 거부당하고 버림받았다는 느낌에서 오는 고통, 이런 고통이 모두 사라졌던 것이다. 그 사고로 흘렸던 엄청난 피, 그것은 평생 나를 괴롭혀 온 고통에 대한 아주 좋은 비유가 되었다. 그 고통들 또한 내 몸 밖으로 흘러나갔고, 나는 전심으로 갈구하던 그 사랑을 알게 되었다. 예수님이 내 곁에 계시며 아버지의 사랑을 내게 주셨다. 내가 그토록 간절히 받고 싶어하던 사랑, 내 모든 것을 내어주게 만든 그 사랑을 주신 것이다. 예수님은 친히 고통의 삶을 사셨다. 그분은 자신께 가장 소중한 것을 줄 수 없거나 받을 수 없는 데서 오는 고통을 아셨다. 그러나 예수님은 자신을 세상에 보내신 아버지가 자신을 결코 세상에 혼자 내버려 두지 않으신다는 믿음으로 그런 고통을 이겨 내셨다. 바로 그 예수님이 모든 고통 저편에 서서 나를 '다른 나라'로 부르고 계셨다.

한 성스러운 순간

 모든 것이 진실했다. 거짓은 찾아볼 수 없었다. 어머니는 죽어가고 있었다. 아무도 부인하지 않았다. 어머니의 고통은 깊고 신비로웠지만 우리에게 숨겨진 것은 아니었다. 우리는 어머니의 고통과 가까이 있는 특권, 그 통증과 긴밀히 연결되는 특권, 그 고뇌와 깊이 연합되는 특권을 맛보았다.…… 나는 진리가 우리를 자유케 할 수 있다는 사실을 그렇게 강렬하게 느껴 본 적이 없다. 아주 성스러운 순간이었다. 내가 그 자리에 있을 수 있었던 것은 복이다…….

 긴 시간이 더 긴 밤과 낮으로 바뀌면서 어머니의 부르짖음은 더 깊고 강해졌다. 나는 어머니에게 몸을 굽혀 기도의 말을 들었다. "하늘에 계신 나의 아버지, 믿습니다. 바랍니다. 사랑합니다.…… 나의 하나님, 나의 아버지……." 위대한 만남의 씨름임을 나는 알았다. 나는 어머니에게 이 고독한 시간에 들어서는 데 필요한 자유를 주고 싶었다. 이 가장 신비로운 사건이 일어날 수 있는 공간을 주고 싶었다. 어머니에게 필요한 것이 위로의 말 이상임을 나는 알았다. 믿음으로 씨름하는 어머니에게는 우리가 줄 수 있는 모든 도움이 필요했다. 아버지와 형제자매들과 함께 나는 어머니가 말문을 연 기도를 이었다.…… 마치 어머니 스스로 더 이상 잇지 못하는 말을 우리가 대신 해드리는 심정이었다. 어머니가 외로운 싸움을 싸울 수 있도록 기도의 방패로 어머니를 두르고서 말이다.

풍성한 열매와 죽음

예수님이 죽음에 관해 들려주신 아주 심오한 말씀으로 말을 맺고 싶다. "내가 떠나가는 것이 너희에게 유익이라. 내가 떠나가지 아니하면 내 영을 너희에게 보낼 수 없음이라." 재발견해야 할 말씀이다. 선포사역을 처음 시작하실 때부터 자신의 죽음을 말씀하시다 30대 초반에 죽으신 예수님은, 자신의 죽음이 끝이 아니라 시작이라 말씀하신다. 죽음은 두려움의 대상이 아니라 전혀 새로운 세상을 열어 주는 문이다. 죽음을 통해 그분은 자신의 사랑, 자신의 영, 자신의 가장 깊은 자아를 보내실 수 있었다. 그러므로 나의 죽음을 준비하고 다른 이들의 죽음 준비를 돕는다는 것은, 우리의 영이 두고두고 오는 세대와 함께하리라는 것을 깨닫는다는 뜻이다. 그렇다. 우리는 그리스도와 함께 죽어야 한다. 하지만 우리는 그리스도와 함께 다시 살아날 것이다. 그리스도의 영을 보내기 위해서 말이다.

오늘아침에는 집회서를 읽었다. 우리가 땅에 묻은 이들이 여전히 우리 곁에 함께 있어, 계속 자신들의 지혜를 보내 우리를 살게 한다는 내용이다. 우리는 정말 그렇게 믿고 있을까? 그것은 나 역시 오는 세대에 두고두고 살게 된다는 뜻이다. 내 영을 계속 보내기 때문이다. 하나님께로서 와서 죽지 않는 내 영을 말이다. 사실 그 영은 단지 30년, 50년, 70년 동안만 내게 주어진 것이 아니라 이 땅에서 내 삶이 끝난 후에도 오래오래 열매 맺도록 주어진 것이다. 나는 바로 약하고 깨어진 모습, 죽음을 통해 열매 맺는다. '성공'이 아니라 '열매'이다. 그러므로 중심질문은 '내가 아직 할 수 있는 일이 얼마나 많은가?'가 아니다. 그것도 중요하지 않은 것은 아니지만, 중심질문은 '내 삶으로 어떻게 열매 맺을 수 있을까? 내 죽음은 열매의 종말이 아니라 어떻게 가장 무르익은 결실이 될 수 있을까?'이다. 예수님은 그렇게 사셨다. 우리도 그렇게 살도록 부름받았다. 그럴 때 우리는 죽어가는 이들에게, 그들이 이생을 뛰어넘어 먼 후일에까지 열매 맺으리라는 사실을 부드럽게 깨우쳐 줄 수 있을 것이다. 그것이야말로 기쁜 소식이다. 정말 기쁜 소식이다!

환희의 삶

예수님은 말씀하신다. "환희의 삶을 살라. 내가 살아있는 하나님이니 너희도 그 죽음의 자리를 떨치고 생명으로 나아오라. 나 있는 곳에는 생명이 있고 변화가 있고 성장이 있고 진보가 있고 꽃핌이 있고 뭔가 새로운 것이 있다. 내가 모든 것을 새롭게 하겠다."

정체된 자리를 벗어나 용감하게 늘 새로운 방향으로 믿음의 걸음을 내딛는 삶, 믿음이란 바로 그런 것이다. 헬라어로 믿음이란 말긴다는 뜻이다. 내가 걸어 보지 않은 내 앞의 저 땅이 안전한 땅이요, 하나님의 땅이요, 거룩한 땅임을 믿고 거기에 자기 몸을 맡기는 것이다.

두려워 말고 걸음을 내딛으라. 미리 다 그려진 지도를 바라지 말라. 뜻밖의 일이 벌어지게 두라. 뭔가 새로운 것이 자라게 하라. 그것이 믿음의 걸음이다. 주님과 함께 걷는 삶이다. 친숙한 곳을 늘 떠나는 것이다. "네 아버지를 떠나라. 어머니를 떠나라. 형제를 떠나라. 자매를 떠나라. 나를 따르라. 나는 사랑의 주님이다." 사랑이 있는 곳에 두려움이 사라진다. "온전한 사랑이 두려움을 내어쫓나니."

얼마든지 떠나라. 살 것이다. 영원히 살 것이다. 예수님이 생명의 주님이신 까닭이다. 그것이 환희다. 변화 없는 상태와 두려움에서 벗어날 때마다 우리는 비로소 환희에 동참할 수 있다. 일대 도약이 필요한 것이 아니다. 조금씩만 걸음을 떼면 된다.

우리는 삶을 택하고 있는가? 아니면 죽음을 택하고 있는가? 가장 친숙한 것에 매달리는 그 두려움의 자리 말이다. 환희의 삶, 진정한 기쁨이란 바로 자신이 안전한 손안에 있음을 믿고 미지의 땅으로 발걸음을 내딛는 것과 연관되어 있다.

캐처를 믿는 믿음

죽어가는 이를 위한 모든 진정한 수고는 사랑의 공동체를 이루는 연합의 끈들을 새롭게 깨닫게 한다.

'날으는 로드레이'는 독일 시모나이트-바룸이라는 서커스단에서 공연하는 그네타기 곡예단이다. 2년 전 프라이부르크에 서커스가 들어왔을 때 내 친구 프란츠와 레니가 나와 우리 아버지를 서커스에 초대했다. 로드레이 가족이 우아한 댄서처럼 공중을 날고 손을 내밀어 잡아 주던 모습을 처음 보며 황홀경에 취하던 그 순간을 나는 영영 잊지 못할 것이다. 이튿날 나는 서커스를 다시 본 뒤 그들을 찾아가 열렬한 팬 중 하나로 나를 소개했다. 그들은 연습시간에 와서 보도록 나를 초대했다. 무료 입장권도 주고 저녁도 대접하면서, 가까운 장래에 일주일간 자기들과 함께 다니자고 제의했다. 나는 그대로 했고 우리는 좋은 친구가 되었다.

어느 날 나는 팀장인 로드레이와 함께 그의 운반차에 앉아 공중날기에 대해 얘기하고 있었다. 그는 말했다. "날 때 나는 캐처를 완전히 믿어야 합니다. 사람들은 나를 그네타기의 대스타인 양 생각하지만 진짜 스타는 내 캐처 조입니다. 조가 1초의 착오도 없이 제자리에 있다가, 긴 점프와 함께 그쪽으로 오는 나를 공중에서 잡아야 합니다." "어떻게 잡습니까?" 내 물음에 로드레이는 이렇게 답했다. "공중을 나는 사람은 아무것도 하지 않고 캐처가 모든 것을 다해야 합니다. 그것이 비결입니다. 조에게 날아갈 때 나는 단순히 양팔을 내밀어 그가 나를 잡아 안전하게 반대쪽 그네 위 디딤판으로 끌어 주기를 기다려야 합니다."

"당신은 아무것도 하지 않는단 말인가요!" 내가 놀라서 말하자 로드레이는 똑같이 되풀이했다. "아무것도 하지 않습니다. 그네를 타고 나는 사람이 할 수 있는 최악의 일은 자기가 캐처의 손을 잡으려 하는 것입니다. 내가 조를 잡아서는 안됩니다. 조가 나를 잡아야 합니다. 내가 조를 잡으면 조의 팔목이 부러지거나 내 팔목이 부러질 수 있고, 그것으로 우리 둘은 끝장날 것입니다. 나는 사람은 날아야 합니다. 캐처는 잡아야 합니다. 나는 사람은 캐처가 잡아 줄 것을 믿고 양팔을 내밀어야 합니다."

로드레이가 확신에 차서 그 말을 하는 순간, 예수님의 말씀이 섬광처럼 내 마음에 스쳐갔다. "아버지여, 내 영혼을 아버지 손에 부탁하나이다." 죽는다는 것은 캐처를 믿는 것이다. 죽어가는 이들을 돌본다는 것은 이렇게 말해 주는 것이다. "두려워 마십시오. 당신이 하나님의 사랑받는 자녀임을 잊지 마십시오. 그분을 잡으려 하지 마십시오. 그분이 당신을 잡으실 것입니다. 그냥 양팔을 내미십시오. 그리고 믿으십시오. 믿으십시오. 믿으십시오."

기도문

그러므로 이 기도들 속에서 자신의 마음의 외침을 듣는 이들은
자신의 막히고 더듬는 말 속에서 성령의 말없는 기도도 듣게 되기를 나는 바란다.
'자비를 구하는 외침」

마음과 입술로 늘 "주님, 제 마음과 목숨과 뜻을 다해
주님을 사랑합니다" 라고 고백하게 하소서.
'미간행 원고」

사랑하는 주님, 기도하고 싶은 열망이 깊어지게 하소서. 주님께 시간을 후하게 드리는 것이 제게는 여전히 어렵기만 합니다. 저는 아직도 시간에 욕심이 많습니다. 실속과 효과와 성공을 위한 시간, 행위와 실적과 생산을 위한 시간 말입니다. 하지만 주님, 주님은 단순히 제가 주님 앞에 있는 것, 제 벌거벗은 모습을 겸손히 인정하는 것, 방어하지 않고 제 죄를 자백하는 것 외에 아무것도 바라시지 않습니다. 주님의 사랑의 빛을 제 마음에 비추시기 위함입니다. 주님이 저를 먼저 사랑하셨기에 저도 사랑할 수 있고, 주님이 저를 먼저 받아주셨기에 저도 받아줄 수 있고, 주님이 먼저 제게 선을 보여주셨기에 저도 선을 행할 수 있다는 것을 깊이 깨닫게 하시기 위함입니다.

저를 뒤에서 붙드는 것이 무엇일까요? 이토록 망설이게 하고 인색하게 하고 소심하게 하고 계산하게 하는 것이 무엇일까요? 주님 외에는 아무것도 필요 없다는 사실을 아직도 의심하고 있는 것일까요? 혹시 주님으로 안될 때를 대비해 아직도 양다리를 걸치고 싶은 것일까요? 주님, 부디 이런 미성숙한 게임을 그만두게 하소서. 주님을 아낌없이, 당차게, 용감하게, 후하게 사랑하게 하소서. 아멘.

오 주님, 주님 외에 제가 누구를, 무엇을 바랄 수 있겠습니까? 주님은 나의 주님, 내 마음과 생각과 영혼의 주님이십니다. 주님은 나를 속속들이 다 아십니다. 주님 안에서 그리고 주님을 통해 모든 것은 그 기원과 목표를 찾습니다. 주님은 존재하는 모든 것을 품으시며 하나님의 사랑과 긍휼로 돌보십니다. 그런데 왜 저는 아직도 주님 외에 다른 데서 행복과 만족을 기대하는 것입니까? 왜 아직도 주님을, 다른 모든 관계의 근거가 되는 나의 유일한 관계가 아니라 많은 관계들 중 하나로 대하는 것입니까? 왜 아직도 인기와 남들의 존경과 성공과 박수갈채와 감각적 쾌락을 찾는 것입니까? 주님, 주님을 유일한 분으로 삼기가 왜 이렇게 어렵습니까? 왜 저는 아직도 주님께 저 자신을 온전히 드리기를 주저하고 있습니까?

오 주님, 제 옛 자아가 죽게 하소서. 아직도 거짓 자아를 쌓고 거짓 욕망에 매달리는 제 크고 작은 숱한 방법들이 죽게 하소서. 주님 안에서 다시 태어나 주님을 통해 세상을 똑바로 보게 하소서. 제 모든 행동과 말과 생각이 주님께 하나의 찬송이 될 수 있도록 말입니다.

옛 자아의 죽음으로 이끄는, 주님 안에 있고 주님을 위해 있는 새 생명으로 이끄는 이 고된 길을 걸으려면 주님의 사랑과 은혜가 필요합니다. 이것이 자유에 이르는 길임을 알고 믿습니다. 주님, 제 불신을 잠재워 주소서. 주님을 믿는 주님의 친구가 되게 하소서. 아멘.

오 주 예수님, 아버지께 드린 주님의 말씀은 침묵 속에서 태어났습니다. 저를 그 침묵으로 인도하소서. 제 말이 주님의 이름으로 나와서 열매를 맺도록 말입니다. 침묵하기가 너무 힘듭니다. 입의 침묵도 힘들지만 마음의 침묵은 더 힘듭니다. 제 속에는 수많은 말들이 끊이지 않습니다. 저 자신, 친구들, 적들, 후원자들, 반대자들, 동료들, 경쟁자들과의 내적 입씨름에 언제나 말려 있는 듯합니다. 그 입씨름을 보면 제 마음이 주님과 얼마나 먼지 알 수 있습니다. 제가 단순히 주님 발 앞에 쉬면서 주님께만 속해 있음을 확인한다면 실제와 가상의 모든 주변 인물들과의 논쟁도 쉽게 잦아들 것입니다. 이런 논쟁에 저의 불안, 두려움, 염려, 인정받고 주목받으려는 욕구가 숨어 있습니다. 오 주님, 제가 단순히 말을 멈추고 주님께 귀기울이기 시작한다면 제게 필요한 모든 인정을 주님이 주실 것입니다. 주님이 마음의 침묵 속에서 제게 말씀하시며 주님의 사랑을 보여주신다는 것을 압니다. 오 주님, 그 침묵을 주소서. 인내하게 하소서. 주님과 함께 있을 수 있는 그 침묵 속으로 서서히 들어가게 하소서. 아멘.

사랑하는 주님, 주님이 사랑하는 친구 프란시스 드 살레는 사랑이 제 삶을 인도해야 한다고 말합니다. 주님을 두려워하는 마음이 아니라 주님을 사랑하는 마음 말입니다. 많은 작가들이 주님과의 관계에서 두려움의 중요성을 강조한다는 것을 압니다. 주님은 저를 판단하십니다. 주님은 저를 속속들이 아시며, 아무것도 주님께 감춰진 것이 없습니다. 주님은 제가 저 자신을 보는 것보다 저를 더 깊고 정확하게 보십니다. 두려움과 경외를 통해서도 많은 것을 깨닫지만, 그것은 저를 얼어붙게 하며 주님으로부터 멀어지게 하는 경향도 있습니다. 저의 사랑이 저의 두려움보다 강하기를 기도합니다. 죄와 흠과 이중의 동기와 많은 불순한 생각에도 불구하고 제가 언제나 주님께 달려가기를 기도합니다. 주님이 저와 모든 사람들에게 사랑으로 자신을 내어주셨다는 것을 항상 깨닫게 하소서. 주님이 바라시는 것은 오직 저의 사랑, 아낌없고 솔직하며 자발적이고 후한 사랑이라는 것을. 마음과 입술로 늘 "주님, 제 마음과 목숨과 뜻을 다해 주님을 사랑합니다"라고 고백하게 하소서. 그 사랑이 주님과의 관계의 지팡이가 되기 원합니다. 아멘.

사랑하는 주님, 주님의 이름은 "세상 모든 이름 중 우리가 구원을 얻을 수 있는 유일한 이름"입니다. 주님의 이름이 제 마음에 새겨지기를, 주님의 이름이 제 모든 생각과 말과 행동에 의미와 능력이 되기를, 주님의 이름이 제 모든 관심의 중심이 되기를 기도합니다. 주님의 이름이 제 존재에 속속들이 배어들어, 어느 날 주님이 제 안에서 주님 자신의 모습을 보시고서 저를 주님의 집으로 불러 주시기를 기도합니다.

저는 아직도 이 열망의 실현과 너무도 거리가 멉니다. 그래도 최소한 목표는 분명합니다. 제 목자가 되소서. 주님께 가는 제 길을 인도하소서. 저를 가까이 두기 원하시는 자상하고 친절한 사랑의 목자가 되어 주소서. 주님과 저 사이에 서로를 아는 것이 점점 깊어지게 하소서. 주님만 저를 아시는 것이 아니라 저도 주님을 알게 하소서. 그렇게 서로를 알 때 더욱 더 주님의 이름으로 살고 싶은 열망, 죄와 잘못된 속박과 내면의 어두움과 마지막 죽음에서 주님의 이름으로 구원받고 싶은 열망이 제게 싹틀 것입니다. 늘 저와 함께 머무소서. 아멘.

사랑하는 주님, 내면의 어지러운 소요와 불안 중에도 위안이 되는 생각이 있습니다. 제가 느끼거나 체험하거나 이해하지 못하는 방식으로 주님이 제 안에서 일하고 계시리라는 생각입니다. 제 생각은 주님께 집중할 수 없고 제 마음은 중심을 잡을 수 없습니다. 주님이 저를 혼자 두고 떠나신 것만 같습니다. 그러나 믿음으로 주님을 붙듭니다. 주님의 영이 제 마음이나 생각보다 더 깊이, 더 멀리 이르신다는 것을 믿습니다. 깊은 움직임은 첫눈에 보이지 않는다는 것을 믿습니다.

그래서 주님, 모두가 부질없고 소용없고 시간과 노력 낭비로 보일지라도 달아나지 않기로, 포기하지 않기로, 기도를 그치지 않기로 약속합니다. 주님의 사랑이 느껴지지 않을지라도 제가 주님을 사랑한다는 것을 알아 주소서. 종종 절망을 맛보면서도 주님께 희망을 둔다는 것을 알아 주소서. 이것이 나보다 아픔이 훨씬 많은 이 세상 수많은 이들과 다소나마 일체감을 맛보는 방편으로서 주님과 함께, 주님을 위해 제가 할 수 있는 작은 죽음이 되게 하소서. 아멘.

사랑하는 주님, 주님은 제자들에게 "내 아버지께 들은 모든 것을 너희가 알게 하였다"고 말씀하셨습니다. 주님은 주님을 믿는 이들을 그 친밀함으로 불러들이십니다. 주님은 우리에게 아무것도 감추실 마음이 없습니다. 주님의 전 존재와 모든 소유를 우리에게 주기 원하십니다. 주님의 사랑과 선하심의 그 광대무변한 신비를 저로서는 헤아릴 수 없습니다. 주님은 정말 주님이 아버지와 가까우신 것처럼 저도 하늘 아버지와 그렇게 가까워지기 원하십니다. 주님이 아시는 것을 저도 알고, 주님이 들으시는 것을 저도 들으며, 주님이 보시는 것을 저도 보기 원하십니다. 주님이 하나님의 아들이시듯 저도 하나님의 아들이 되기 원하십니다. 그 외에 제가 무엇을 더 바랄 수 있겠습니까? 오 주님, 제가 누구이기에 저를 이런 우정으로 불러 주십니까? 제가 누구이기에 주님 자신의 가장 친밀한 삶을 제게 보여주기 원하시며, 그보다 더 놀랍게 제가 그 삶의 일부가 되기 원하십니까?

그런데 저는 왜 아직도 다른 것들을 바랍니까? 주님은 제게 모든 것을 주시려 하는데도 말입니다. 주님, 제 마음과 생각을 열어 주님 사랑의 이 깊은 신비를 더욱 깨우치게 하소서. 저는 깨어진 죄인입니다. 어찌나 죄가 중한지 주님의 거룩한 초청에 눈멀고 귀먹었습니다. 저로 보고 듣게 하소서. 저의 고집과 믿음 없음을 늘 용서하소서. 주여, 제가 믿나이다. 저의 믿음 없음을 도와주소서. 아멘.

사랑하는 주님, 주님의 마음에는 악한 것이 없습니다. 주님의 마음은 원한과 미움과 의심과 경쟁을 모릅니다. 주님의 마음은 사랑밖에 모릅니다. 제약과 한계와 조건이 없는 사랑. 주님의 마음은 부드러움과 온유함과 용서와 기쁨과 평안과 자유를 말합니다. 주님의 마음은 어떤 짐을 졌든지, 자원함으로 오는 자에게는 누구에게나 열려있습니다. 주님은 말씀하십니다. "수고하고 무거운 짐 진 자들아, 다 내게로 오라. 내가 너희를 쉬게 하리라. 나는 마음이 온유하고 겸손하니 내게 배우라."

오 주님, 제가 주님의 거룩한 마음의 신비에 더 깊이 들어가서 거기서 모든 위로와 새 힘의 근원을 찾기를 기도합니다. 주님의 마음에서 나오는 그 사랑에 흠뻑 젖어, 만나는 모든 이들에게 주님의 한없는 사랑의 살아있는 증거가 되게 하소서. 그렇게만 살게 하소서. 아멘.

사랑하는 주님, 주님을 사랑합니다. 주님은 제 모든 바람이며 희망이며 열망입니다. 주님은 아름답고 선하십니다. 온유하고 부드러우십니다. 의롭고 평화로우십니다. 용서와 자비와 사랑이 넘치십니다. 주님께 눈을 듭니다. 주님께 손을 내밉니다. 주님께 마음을 올려드립니다. 주님은 나의 주 나의 하나님이십니다.

주님, 제가 제 마음을 주님께 가지 못하게 막는 생각들도 많이 하고, 주님을 바라보지 못하게 하는 것들도 많이 보며, 주님과 가까워지지 못하게 하는 일들도 많이 한다는 것을 압니다. 겉으로 보면 제가 불안하고 산만하다는 것을 압니다. 하지만 내 존재의 중심이 주님께 부르짖는다는 것도 압니다. 그 부르짖음이 아직 제 모든 감각에 속속들이 배어들지 않았다 해도 말입니다.

주님, 제 눈과 귀와 입술과 손이 아직 사랑의 섬김에 온전히 훈련되지 않았지만 제 사랑을 받아주소서. 제 사랑을, 날마다 주님을 더 사랑하고 싶은 열망으로 받아주소서. 아멘.

오 주님, 저는 믿음이 강해지려고 표적과 기사를 구할 때가 얼마나 많은지 모릅니다! 다메섹 도상에서 바울에게 나타나신 주님이 제게도 나타나 주시기를 바라거나, 갑자기 내면에 주님의 임재를 느껴서 제 모든 의심과 망설임을 깨끗이 없애 주시기를 바랄 때도 있습니다. 그러나 주님은, 우리가 주님을 알지 못하는 것은 믿음이 없기 때문이라고 말씀하셨습니다. 주님은 나사렛에서 많은 기적을 행하실 수 없었습니다. 고향 사람들이 주님 안에서 목수의 아들밖에 보지 못했기 때문입니다.

오 주님, 제 믿음이 깊고 강하게 해주소서. 제 일상 속에 거하시는 주님 임재의 표적과 신호를 새로운 눈으로 보고 새로운 귀로 들을 수 있도록 말입니다. 저는 눈멀고 귀먹어, 지금 여기서 주님의 능력 있는 행동을 온전히 알아보지 못합니다. 주님은 임재하십니다. 주님은 살아 계실 때 제자들에게 하신 것 못지않게 지금도 기적을 행하십니다. 지금처럼 그때도, 본 사람들도 있었지만 여전히 눈이 가려진 자들도 있었습니다. 들은 자들도 있었지만 여전히 귀가 닫힌 자들도 있었습니다. 대부분 사람들은 주님을 너무 잘 안다고 생각했으나, 주님을 바로 알지 못했습니다.

주님을 알아 보게 하소서. 마음과 뜻과 목숨을 다하여 이렇게 고백하게 하소서. "주는 그리스도이시며 살아 계신 하나님의 아들이십니다." 아멘.

오 주님, 주님은 말씀이십니다. 영원 전부터 아버지께서 하신 말씀이십니다. 그 주님이 우리 가운데 거하시고 우리를 주님과 함께 아버지 집으로 데려가시려고 이 땅에 오셨습니다.

주님은 아들이십니다. 영원 전부터 아버지에게 나신 아들이십니다. 그 주님이 우리를 주님의 형제자매, 아버지의 아들딸 삼아 주시려고 우리 가운데 태어나셨습니다.

주님은 빛이십니다. 영원 전부터 빛 되신 하나님께로서 비춰는 빛이십니다. 그 주님이 우리를 하늘의 빛으로 깨우치려고 우리의 어둠 속에 들어오셨습니다.

주님은 생명이십니다. 만세 전부터 살아 계신 하나님께로서 나온 생명이십니다. 그 주님이 우리와 함께 죽음을 맛보셔서, 우리에게 영생의 길을 열어 주셨습니다.

주님은 진리이십니다. 참 하나님의 참 아들이십니다. 그 주님이 거짓과 오류가 난무하는 세상에서 고난당하셔서, 우리에게 하나님을 아는 참 지식의 기쁨을 계시해 주셨습니다.

주님, 감사합니다. 찬양합니다. 경배합니다. 아멘.

사랑하는 주님, 볼 수 있는 눈과 들을 수 있는 귀를 주소서. 어둠 속에 빛이 있어 모든 것을 새롭게 함을 압니다. 고난 속에 새 생명이 있어 제게 새 땅을 열어 줌을 압니다. 슬픔 너머에 기쁨이 있어 제 마음을 소생시킴을 압니다. 그렇습니다, 주님. 주님이 계시며 일하시며 사랑하심을 압니다. 주님이 진정 빛이요, 생명이요, 진리임을 압니다. 사람, 업무, 계획, 프로젝트, 아이디어, 회의, 건물, 미술, 음악, 문학. 이 모두는, 제가 그것을 주님의 임재와 주님의 영광과 주님 나라의 반영으로 보고 들을 수 있을 때에만 참 기쁨과 평안을 줄 수 있습니다.

그러니 저로 보고 듣게 하소서. 주님이 보여주시는 것과 주님이 들려주시는 말씀에 온전히 사로잡혀서, 주님의 시각과 청각이 제 삶의 길잡이가 되고 제 모든 관심사에 의미를 부여하게 하소서.

진정한 실체를 보고 듣게 하소서. 날마다 제 삶을 어지럽히는 끝없는 거짓 실체의 가면을 벗길 수 있는 용기를 주소서. 주님, 지금은 거울로만 보지만 어느 날 주님을 대면하여 볼 날을 그려 봅니다. 아멘.

사랑하는 주님, 세상 염려와 부의 유혹에 주님의 말씀이 숨막힐 때가 얼마나 많은지요! 주님의 말씀이 깊이 뿌리내려 풍성한 결실을 맺으려면 막힘 없는 마음, 열린 마음, 시름없는 마음이 필요합니다. 주님, 저는 압니다. 주님의 말씀에 능력이 있음을, 주님의 말씀이 심령과 생각을 변화시킬 수 있으며 그 자체만으로 놀라운 힘이 있음을 말입니다. 그러나 주님의 말씀이 가시덤불 같은 마음, 늘 어제 일어난 일을 시시콜콜 따지며 내일 일어날 일을 초조하게 기다리는 마음, 죄책감과 질투와 시기와 정욕으로 비뚤어진 마음, 언제나 불안하고 어지러운 마음에 떨어진다면 어떻게 제 구실을 다할 수 있겠습니까? 그런 마음에서는 주님의 말씀이 당연히 열매를 맺을 수 없습니다.

오 주님, 뿌려진 씨앗을 수용하는 옥토처럼 제게도 주님의 말씀을 수용할 수 있는 마음을 주소서. 그리하여 주님의 말씀이 황무지 같은 이 세상 한복판에서 새 생명과 새 사랑을 맺게 하소서. 아멘.

사랑하는 주님, 오늘은 겨자씨를 생각했습니다. 주님은 하나님 나라를 모든 씨 중에 가장 작은 겨자씨에 비유하십니다. 모든 나무보다 크게 자라 많은 새들이 깃들일 수 있는 그 잠재력을 지적하십니다.

하루 일과는 종종 매우 산만하고 혼란스러워 보입니다. 그러나 그 모든 사건과 활동 이면에는 주님이 심어 두신 작은 씨가 숨어 있습니다. 저는 참을성이 없습니다. 처음부터 큰 나무가 보고 싶어 안달입니다. 왜 그럴까요? 하지만 주님은 인내의 주님이십니다. 알아

볼 수 없이 미세하면서도 잠재력을 갖춘 겨자씨처럼, 제 속에서도 하나님 나라가 그렇게 자라게 하십니다. 주님은 자신의 임재를 오래오래 숨겨 두십니다.

    주님, 저는 압니다. 주님께서 제게 신실함을 원하신다는 것을, 제가 보거나 느끼지 못할 때에도 씨앗이 자라고 있다는 사실을 굳게 붙들기 원하신다는 것을, 주님께서 결코 저를 떠나 계시지 않고 그날—주님이 심어 두신 씨가 유감없이 그 존재를 뽐내게 될 날—을 위해 저를 늘 준비시키고 계셨음을, 언젠가는 똑똑히 보리라 깊이 확신하며 삶을 헤쳐 나가기 원하신다는 것을 저는 압니다. 저도 주님처럼 신실하게 인내할 수 있도록 도와주소서. 아멘.

사랑하는 하나님,
제 움켜쥔 주먹을 펴기가 너무 두렵습니다!
더 이상 붙들 것이 없을 때 저는 누구일까요?
빈손으로 주님 앞에 설 때 저는 누구일까요?
서서히 손을 펴 깨닫게 도와주소서.
제가 소유하고 있는 것이 제가 아니라
주님이 제게 주시려는 것이 곧 저임을.
주님이 제게 주시려는 것은 사랑입니다.
무조건적이고 영원한 사랑입니다.
아멘.

사랑하는 하나님,
제 침묵 속에 부드럽게 말씀하소서.
밖으로 제 주변의 시끄러운 소리와
안으로 제 두려움의 시끄러운 소리가
끊임없이 저를 주님으로부터 멀어지게 할 때도,
주님 음성이 제 귀에 들리지 않을 때도,
주님이 여전히 제 곁에 계심을 믿게 하소서.
주님의 작고 부드러운 음성을 듣는 귀를 주소서.
"무거운 짐 진 너여, 내게로 오라.
내가 너를 쉬게 하리라.……
나는 마음이 온유하고 겸손하다."
그 사랑의 음성이 제 길잡이가 되게 하소서.
아멘.

사랑하는 하나님,
저는 늘 제 힘으로 살려고 합니다.
제 운명의 주인이 되려 합니다.
하지만 주님의 말씀을 저는 압니다.
"내가 네 손을 잡고 이끌어 주마.

내 사랑을 받아다오. 그리고 믿어다오.
내가 너를 인도하는 그곳에서
네 마음의 가장 깊은 소원이 이루어진다는 것을."
주님, 제 손을 펴 주님의 사랑의 선물을 받게 하소서.
아멘.

사랑하는 하나님,
저는 소원도 많고
욕심도 많고
기대도 많습니다.
이루어질 수 있는 것도 있지만
이루어질 수 없는 것도 많습니다.
그러나 제 모든 만족과 실망의 한복판에서
저는 주님을 소망합니다.
주님이 결코 저를 혼자 두지 않으실 것과
주님의 거룩한 약속을 이루실 것을 저는 압니다.
일이 내 뜻대로 풀리지 않는 것 같을 때에도
실은 주님 뜻대로 풀리고 있음과
결국 주님 뜻이 제게 최선의 길임을 압니다.
오 주님, 제 소망을 굳게 하소서.
특히 제 많은 소원이 이루어지지 않을 때 그리하소서.

주님의 이름이 사랑임을 결코 잊지 않게 하소서.
아멘.

사랑하는 하나님,
저를 주님의 마음속으로 더 깊이 끌어들이실 때마다
깨닫는 사실이 있습니다.
저처럼 주님께 친밀하게 온전히 사랑받는 남녀들이
제 여정의 동반자라는 사실입니다.
주님의 긍휼의 마음속에는
그들 모두의 자리가 있습니다.
아무도 제외되지 않습니다.
사랑하는 하나님, 저도 그 긍휼을 맛보게 하소서.
그리하여 제가 형제자매들을 사랑하는 모습을 통해
주님의 무한한 사랑이 드러나게 하소서.
아멘.

강림절 기도

사랑하는 주님, 주님만 바라보게 하소서. 주님은 성육신하신 하나님의 사랑입니다. 하나님의 무한한 긍휼의 표현입니다. 거룩하신 아버지의 가시적 현현顯現입니다. 주님은 아름다움, 선함, 온유, 용서, 자비이십니다. 주님 안에서 모든 것을 얻을 수 있습니다. 주님 밖에서는 아무것도 얻을 수 없습니다. 그러니 제가 다른 데를 보거나 다른 데로 가야 할 까닭이 무엇일까요? 주님께는 영생의 말씀이 있습니다. 주님은 양식이요 음료입니다. 주님은 길이요, 진리요, 생명이십니다. 주님은 어둠 속에 비취는 빛이시요, 등경 위에 놓인 불빛, 산 위에 있는 집이십니다. 주님은 하나님의 완전하신 아이콘입니다. 주님 안에서, 주님을 통해 저는 하늘 아버지를 볼 수 있습니다. 주님과 함께 저는 아버지께 가는 길을 찾을 수 있습니다. 오 거룩하신 분, 아름다우신 분, 영광스러우신 분이여. 나의 주님, 나의 구주, 나의 구속자, 나의 인도자, 나의 안위자, 나의 위로, 나의 소망, 나의 기쁨, 나의 평화가 되소서. 주님께 제 모든 존재를 다 드리고 싶습니다. 인색하거나 망설이지 않고 제 마음을 후하게 하소서. 제 소유와 생각과 행위와 감정까지 주님께 다 드리게 하소서. 오 주님, 모두가 주님 것입니다. 부디 받아주시고 온전히 주님의 것으로 삼으소서. 아멘.

크리스마스 기도

오 주님, 주님의 길을 받아들이기가 얼마나 어려운지 모릅니다. 주님은 제게, 타향에서 태어난 작고 무력한 아이로 오십니다. 주님은 자기 땅에 오신 이방인으로 저를 위해 사십니다. 주님은 도시의 성벽 밖에서 저를 위해 범죄자로 죽으십니다. 자기 백성에게 거부당하시고, 친구들에게 오해받으시고, 하나님께마저 버림받은 심정으로 그리하십니다.

　　주님의 탄생 축하를 준비하면서도 저는 사랑받고 인정받으려

하고, 이 세상을 내 집 삼으려 하며, 끊임없이 저를 괴롭히는 소외감과 거리감을 어떻게든 벗어나려 합니다. 그러나 이따금씩 느끼는 소속감보다 오히려 집을 잃은 듯한 막막한 심정이 저를 주님께 더 가까워지게 하는 것은 아닐는지요? 제가 주님의 탄생을 진정으로 축하할 수 있는 곳은 어디입니까? 아늑한 내 집일까요, 낯선 타관일까요? 반겨 주는 친구들 틈에서일까요, 미지의 이방인들 틈에서일까요? 행복 속에서일까요, 외로움 속에서일까요?

주님께 가장 근접한 그 경험들에서 저는 굳이 달아날 필요가 없습니다. 주님이 이 세상에 속하신 분이 아닌 것처럼, 저도 이 세상에 속한 자가 아닙니다. 그런 심정이 들 때마다 실은 감사의 기회요 주님을 꼭 끌어안고 주님의 기쁨과 평안을 더 온전히 맛볼 수 있는 기회입니다.

주 예수님, 오셔서 제 심정이 가장 비참한 곳에 저와 함께 머무소서. 여기가 바로 주님의 구유가 있을 곳이요, 주님께서 빛을 비춰 주실 곳임을 믿습니다. 주 예수님, 오소서, 오소서. 아멘.

새해를 위한 기도

이 한 해를 샤를르 드 푸코의 기도로 시작하고 싶다. 심한 떨림으로 날마다 드리는 기도다.

아버지, 아버지의 손에 저를 드립니다.
아버지 뜻대로 제게 행하시옵소서.

어떻게 하시든 저는 감사합니다.
모든 것을 수용할 각오가 되어 있습니다.
제 안에서, 아버지의 모든 피조세계에서
아버지의 뜻만이 이루어지기 원합니다.

아버지 손에 제 영혼을 맡깁니다.
제 마음속에 있는 모든 사랑으로 바칩니다.
아버지를 사랑하기에 저를 드리며
아무 조건 없이 무한한 믿음으로
아버지 손에 저를 내려놓기 원합니다.
주님은 저의 아버지이시기에.
아멘.

사순절 기도

사랑하는 주 예수님,
내일부터 사순절이 시작됩니다. 특별한 방식으로 주님과 함께 있는 시간입니다. 기도하는 시간이요 금식하는 시간이요, 그리하여 예루살렘으로, 골고다로, 죽음을 이긴 최후 승리의 자리로 주님을 따라 주님의 길을 가는 시간입니다.

저는 아직도 마음이 나뉘어 있습니다. 진심으로 주님을 따르고 싶으면서도 저 자신의 욕망을 따르고 싶은 마음도 있습니다. 명성과 성공과 인간의 존경과 쾌락과 위세와 권력을 속삭이는 음성들에 귀를 내주고 싶은 마음도 있습니다. 이런 음성들에 귀머거리가 되고 주님의 음성에 더 귀기울이게 하소서. 생명의 좁은 길을 택하도록 저를 부르시는 그 음성에 귀 기울이게 하소서.

사순절이 제게 아주 힘든 시간임을 압니다. 주님의 길을 선택하는 일은 삶의 순간마다 계속되어야 합니다. 생각도 주님의 생각을 택해야 하고, 말도 주님의 말을 택해야 하고, 행동도 주님의 행동을 택해야 합니다. 선택이 필요 없는 시간이나 장소는 없습니다. 주님을 선택할 때면 제 속에 얼마나 깊은 저항이 있는지 잘 압니다.

주님, 가는 곳마다 순간마다 저와 함께 하소서. 사순절의 계절을 신실하게 살 수 있는 힘과 용기를 주소서. 그리하여 부활절이 올 때, 주님이 저를 위해 예비하신 새 생명을 기쁨으로 맛볼 수 있게 하소서. 아멘.

오 주님, 사순절 기간 이 수도원에 있을 수 있는 것은 제게 큰 은혜입니다. 회개와 금식과 기도에 힘쓰지 않고 이 시기를 보낸 일이 얼마나 많던가요? 사순절인지도 모른 채 이 절기의 영적 열매를 놓쳐 버린 때가 얼마나 많던가요? 하지만 사순절을 지키지 않고 어떻게 진정 부활절을 축하할 수 있겠습니까? 주님의 죽음에 동참하기를 꺼리면서 어떻게 주님의 부활을 온전히 기뻐할 수 있겠습니까?

그렇습니다, 주님. 저는 죽어야 합니다. 주님과 함께, 주님을 통해, 주님 안에서 죽어야 합니다. 그리하여 부활하신 주님이 제게 나타나실 때 주님을 알아볼 준비가 되어 있어야 합니다. 제 안에는 죽어야 할 것이 너무도 많습니다. 엉뚱한 애착, 탐심과 분노, 참지 못하며 인색한 마음. 오 주님, 저는 이기적입니다. 내 자신, 나의 일, 나의 미래, 나의 이름과 명성만 생각합니다. 제 이익을 위해 주님을 이용하는 듯한 기분마저 들 때도 종종 있습니다. 얼마나 외람되고 얼마나 무엄하고 얼마나 슬픈 일입니까! 맞습니다, 주님. 그것이 사실입니다. 저 자신의 영광과 저 자신의 성공을 위해 주님에 대해 말하고 주님에 대해 글쓰고 주님의 이름으로 행동할 때가 종종 있었음을 압니다. 주님의 이름으로 인해 제가 당한 것은 핍박이나 압제나 거부가 아니었습니다. 주님의 이름은 제게 상을 가져다주었습니다! 이제야 분명히 보입니다. 저는 주님과 함께 조금밖에 죽지 못했고, 주님의 길을 조금밖에 가지 못했고, 그 길에 조금밖에 충실하지 못했습니다. 오 주님, 이번 사순절은 다른 해와 다르게 하소서. 다시 한번 주님을 발견하게 하소서. 아멘.

오 주님, 나의 하나님이시요 내 구주이신 예수 그리스도여. 계속하여 구하오니 제게 변화의 은혜를 주소서. 제게 주님의 자비를 보이시고 제 마음속에 주님의 임재를 체험하게 하소서. 밤에나 낮에나 제 소원은 그 한가지입니다. 진정한 회개의 행위에 이르게 하소서. 정직하고 겸손한 기도에 이르게 하소서. 자원하여 아낌없이 베푸는 후한 마음에 이르게 하소서. 따라야 할 길이 분명히 보입니다! 주님께 가려면 무엇이 필요한지도 잘 압니다. 주님 안의 삶에 대해 유창하게 말하며 가르칠 수도 있습니다. 그러나 제 마음은 머뭇거립니다. 제 내면의 가장 깊은 자아는 여전히 몸을 사립니다. 흥정하려 하고 "그렇기는 하지만……"이라고 토를 달려고 합니다.

 오 주님, 주님께서 저를 사랑하시며 두 팔 벌려 저를 기다리고 계신다는 사실을, 제가 계속 잊어버리고 있습니까? 눈물 젖은 아버지처럼 주님은 보십니다. 주님이 주신 그 삶을 망가뜨리고 있는 이 아들을 말입니다. 그러나 아버지이신 주님은, 저를 억지로 당신께 돌아오게 하실 수 없다는 것도 아십니다. 제가 자원하여 주님께 올 때, 자원하여 엉뚱한 염려와 고민을 떨치고 자원하여 잘못된 길을 자백하고 자원하여 자비를 구할 때, 오직 그때에만 주님도 주님의 사랑을 제게 아낌없이 주실 수 있습니다.

 오 주님, 제 기도를 들어주소서. 제 간구를 들어주소서. 주님께 돌아가고 싶은 제 갈망을 들어주소서. 저를 이 씨름 속에 혼자 두지 마소서. 영원한 저주에서 구해 주소서. 주님의 아름다운 얼굴을 보여주소서. 주 예수님, 오소서, 오소서. 아멘.

사랑하는 주 예수님,
제가 그토록 바라는 사랑을 주님 외에 어디로 가서 찾을 수 있겠습니까? 저같이 죄인인 사람들한테서 어떻게 제 존재의 가장 은밀한 구석까지 만져 줄 수 있는 사랑을 기대할 수 있겠습니까? 누가 주

님처럼 저를 씻어 줄 수 있으며, 누가 주님처럼 제게 양식과 음료를 줄 수 있겠습니까? 누가 주님처럼 저를 그토록 가깝고 친밀하게 두며 안전하게 지켜 주기 원하겠습니까? 오 주님, 주님의 사랑은 만질 수 없는 사랑, 말과 생각에 그치는 사랑이 아닙니다. 아닙니다, 주님. 주님의 사랑은 인간이신 주님의 마음에서 나오는 사랑입니다. 주님의 전 존재를 통해 표현되는 가슴의 사랑입니다. 주님은 말씀하십니다.…… 주님은 보십니다.…… 주님은 만져 주십니다. 주님은 제게 양식을 주십니다. 그렇습니다. 주님의 사랑은 제 몸의 모든 감각에 와닿는 사랑입니다. 어머니가 아기를 보듬듯 저를 보듬으시고, 아버지가 아들을 안듯 저를 안으시며, 형이 동생을 만져 주듯 저를 만지시는 사랑입니다.

오 사랑하는 예수님, 주님의 마음은 사랑뿐입니다. 저는 주님을 봅니다. 주님을 듣습니다. 주님을 만집니다. 주님이 저를 사랑하심을 제 모든 존재로 압니다.

주님, 주님을 믿습니다. 하지만 많은 불신과 회의의 순간에도 저를 도와주소서. 그런 순간은 엄연히 존재하며, 제 눈과 귀와 손이 주님으로부터 멀어질 때마다 앞으로도 존재할 것입니다. 주님, 저를 다시 주님께 불러 주소서. 밤에도 낮에도, 기쁨 중에도 슬픔 중에도, 성공의 순간에도 실패의 순간에도, 불러 주소서. 절대 주님을 떠나지 않게 하소서. 주님이 저와 동행하심을 압니다. 저도 주님과 동행하게 도와주소서. 오늘도 내일도 언제나 동행하게 하소서.

성 금요일

오 사랑하는 주님, 이 거룩한 밤 주님께 무슨 말씀을 드릴 수 있을까요? 감히 제 입에서 나올 수 있는 말이 있을까요? 생각이 있을까요? 문장이 있을까요? 주님은 저를 위해 죽으셨습니다. 제 죄를 위해 모든 것을 내어주셨습니다. 저를 위해 인간이 되셨을 뿐 아니라 저를 위해 가장 참혹한 죽음을 당하셨습니다. 거기 합당한 반응이 있을까요? 합당한 반응을 찾을 수 있다면 좋으련만, 주님의 거룩한 수난과 죽음을 묵상할 때 저는 겸손히 고백할 수밖에 없습니다. 주님의 감당 못할 거룩한 사랑 앞에는 어떤 반응도 철저히 자격 미달이라는 것을 말입니다. 그냥 서서 주님을 바라보렵니다. 주님의 몸은 찢기셨습니다. 주님의 머리는 상하셨습니다. 주님의 손과 발은 못에 찢겼습니다. 주님의 옆구리는 창에 찔렸습니다. 주님의 시신은 이제 주님의 어머니 품안에 뉘어 있습니다. 이제 다 끝났습니다. 다 이루어졌습니다. 완성되었습니다. 성취되었습니다. 고마우신 주님, 은혜의 주님, 후하신 주님, 용서의 주님, 주님을 사모합니다. 주님을 찬양합니다. 주님께 감사합니다. 주님은 수난과 죽음을 통해 모든 것을 새롭게 하셨습니다. 주님의 십자가는 희망의 새 징표로 이 세상에 세워졌습니다.

　오 주님, 언제나 주님의 십자가 아래 살게 하소서. 주님의 십자가의 희망을 쉬지 않고 전파하게 하소서. 아멘.

부활절

사랑하는 주님, 다시 사신 주님, 세상의 빛이시여. 주님께 모든 찬양과 영광을 돌립니다! 주님의 임재와 주님의 기쁨과 주님의 평화로 가득 찬 이날은 참으로 주님의 날입니다.

어두운 숲 속을 막 걷고 돌아오는 길입니다. 쌀쌀하고 바람도 불었지만 모든 것이 주님을 얘기하고 있었습니다. 구름, 나무, 촉촉한 잔디, 멀리 불빛이 반짝이는 계곡, 바람소리 할 것 없이 그야말로 모든 것이 주님의 부활을 이야기하고, 만물이 참으로 선하다는 것을 제게 일깨워 주었습니다. 주님 안에서 모든 것은 선하게 지음 받았습니다. 이제 주님을 통해 모든 피조물은 새롭게 되어, 태초에 소유했던 것보다 더 큰 영광에 이르게 되었습니다.

저녁나절에 친밀한 기쁨에 흠뻑 젖어 어두운 숲 속을 걷노라니 막달라 마리아의 이름을 부르시던 주님의 음성이 들려왔습니다. 호숫가에서 주님의 친구들에게 그물을 던지라고 말씀하시던 소리도 들려왔습니다. 두려워하던 제자들이 있던 닫힌 방에 들어서시는 주님의 모습도 보였습니다. 산 위에, 마을 어귀에 나타나신 모습도 보였습니다. 정말 얼마나 친밀한 사건들인지요. 사랑하는 친구들을 위한 특별한 은총 같은 것입니다. 그것은 사람을 감동시키거나 위압하기 위한 사건들이 아니라, 단순히 주님의 사랑이 죽음보다 강하다는 것을 보여주기 위한 것이었습니다.

오 주님, 주님이 침묵 속에서, 조용한 순간에, 잊혀진 구석에서 저를 만나 주시고 제 이름을 부르시며 제게 평안의 인사를 건네신다는 것을 이제 압니다. 가장 고요한 시간에 주님은 제게 부활의 주님이 되십니다.

사랑하는 주님, 지난 한 주간 동안 주님이 제게 주신 모든 것을 깊이 감사드립니다. 앞으로도 늘 저와 함께하소서. 세상의 모든 고난받는 자들을 복 주소서. 주님의 백성들에게 평화를 주소서. 주님이 목숨을 버리시기까지 사랑하신 그들입니다. 아멘.

성령 강림절

사랑하는 주님, 제 기도를 들어주소서. 주님은 제자들에게, 그들을 버려 두시지 않고 성령을 보내셔서 그들을 가르치며 온전한 진리로 인도하겠다고 약속하셨습니다.

저는 지금 어둠 속을 더듬고 있는 심정입니다. 주님께 많은 것을 받았는데도 단순히 주님의 임재 안에 조용히 머물기가 아직도 어렵습니다. 제 마음은 온통 뒤죽박죽이며, 온갖 생각과 계획과 기억과 공상이 어지러이 널려 있습니다. 주님과 단둘이 있고 싶습니다. 주님의 말씀에 집중하고 싶습니다. 주님의 음성을 듣고 싶습니다. 친히 친구들에게 보여주신 모습 그대로 주님을 보고 싶습니다. 그러나 그런 간절한 바람에도 불구하고, 저는 옆길로 벗어나 별로 중요하지도 않은 일에 매달립니다. 제 자신의 작고 시시한 보물들에 마음이 끌립니다.

위로부터 주시는 능력, 주님의 성령의 능력이 없이는 기도할 수 없습니다. 주님, 성령을 보내 주소서. 그리하여 주의 영이 제 안에서 기도하게 하시고 "주 예수"라 고백하게 하시며 "아바 아버지"를 부르게 하소서.

주님, 기다립니다. 고대합니다. 소망합니다. 주님의 성령 없이 저를 떠나지 마소서. 하나되게 하시고 위로하시는 주님의 영을 제게 주소서. 아멘.

맺는 말

톨스토이의 세 수사

어느 외딴 섬에 러시아의 세 수사가 살고 있었다. 아무도 가 본 적 없는 그곳에 어느 날 그들의 주교가 그들을 심방하기로 했다. 주교가 도착해 보니 수사들은 주기도문도 모르고 있었다. 그래서 그는 시간과 에너지를 다해 그들에게 "하늘에 계신 우리 아버지"를 가르쳐 준 후 자신의 심방 사역에 보람을 느끼며 그곳을 떠났다. 그러나 그의 배가 섬을 떠나 다시 망망대해에 들어섰을 무렵, 갑자기 세 수사가 물 위를 걸어오는 모습이 보였다. 사실 그들은 뛰어서 배를 쫓아오고 있었다! 배에 도착한 그들은 이렇게 외쳤다. "신부님, 신부님이 가르쳐 주신 기도를 잊어버렸습니다." 보고 듣는 눈앞의 광경에 어리둥절해진 주교가 이렇게 물었다. "형제들이여, 그렇다면 형제들은 어떻게 기도하시오?" 그러자 그들이 대답했다. "글쎄요. 그저 이렇게 고백합니다. '사랑하는 하나님, 저희도 셋이고 하나님도 세 분이시니 저희를 불쌍히 여겨 주소서!'" 주교는 그들의 거룩함과 단순성에 깊은 감명을 받고 이렇게 말했다. "섬으로 돌아가 평안히 거하시오."

주

1. Thomas Philippe, '영혼의 정절'(*Fidelity to the Spirit*), 프랑스 트로슬리-브륄(Trosly-Bruil)에 있는 라르쉬 공동체 라 페름(La Ferme)에 놓인 팜플렛, p. 9.
2. R. M. French 번역, *The Way of the Pilgrim*(New York: Seabury Press, 1965), p. 1. (「순례자의 길」 은성)
3. 같은 책, pp. 2-3.
4. 같은 책, pp. 19-20.
5. Anthony Bloom, *Living Prayer*(Springfield, Ill.: Templegate, 1966); *Beginning to Pray*(New York: Paulist Press, 1970); *Courage to Pray*(New York: Paulist Press, 1973) 참조.
6. *The Spiritual Letters of Dom John Chapman,* O.S.B.(London: Sheed & Ward, 1938), pp. 52-53. *The Tablet* 1985년 12월 14일자에 인용된 글.

출전

이 책은 헨리 나우웬의 다음 저작들에서 허락을 받고 발췌한 것이다.
사용을 허락해 준 출판사들에 깊은 감사를 드린다.

Bread for the Journey. Copyright©1977 by Henri J. M. Nouwen. HarperCollins Publishers, Inc.의 허락을 받고 사용함. (「영혼의 양식」 두란노)

Can You Drink the Cup? Copyright©1974 by Ave Maria Press, P.O. Box 428, Notre Dame, IN 46556. 출판사의 허락을 받고 사용함. (「이 잔을 들겠느냐」 바오로딸)

Clowning in Rome. Copyright©1979 by Henri J. M. Nouwen. Doubleday, a division of Random House, Inc.의 허락을 받고 사용함. (「로마의 어릿광대」 가톨릭대학교출판부)

Compassion(by Henri J. M. Nouwen, D. Morrison, and D. McNeill). Copyright ©1982 by Donald P. McNeill, Douglas A. Morrison, and Henri J. M Nouwen. Doubleday, a division of Random House, Inc.의 허락을 받고 사용함. (「긍휼」 IVP)

A Cry for Mercy. Copyright©1981 by Henri J. M. Nouwen. Doubleday, a division of Random House, Inc.의 허락을 받고 사용함. (「자비를 구하는 외침」 한국기독교연구소)

The Genesee Diary. Copyright©1976 by Henri J. M. Nouwen. Doubleday, a division of Random House, Inc.의 허락을 받고 사용함. (「제네시 일기」 바오로딸)

¡Gracias! A Latin American Journal. Copyright©1983 by Henri J. M. Nouwen. HarperCollins Publishers Inc.의 허락을 받고 사용함. (「주님, 감사합니다」 아침)

Heart Speaks to Heart. Copyright©1989 by Ave Maria Press, P.O. Box 428, Notre Dame, IN 46556. 출판사의 허락을 받고 사용함. (「나의 마음이 님의 마음에다」 성바오로출판사)

In Memoriam. Copyright©1980 by Ave Maria Press, P.O. Box 428, Notre Dame, IN 46556. 출판사의 허락을 받고 사용함. (「소중한 추억 나의 어머니」 성바오로출판사)

The Inner Voice of Love. Copyright©1996 by Henri Nouwen. Doubleday, a division of Random House, Inc.의 허락을 받고 사용함. (「마음에서 들려오는 사랑의 소리」 바오로딸)

A Letter of Consolation. Copyright©1982 by Henri J. M. Nouwen. HarperCollins Publishers Inc.의 허락을 받고 사용함. (「위로의 편지」 가톨릭출판사)

Letters to Marc about Jesus. Copyright©1987, 1988 by Henri J. M. Nouwen. 영어판 Copyright©1988 by Harper & Row, Publishers, Inc. and Darton, Longman & Todd, Ltd. HarperCollins Publishers Inc.의 허락을 받고 사용함. (「헨리 나우웬의 영성 편지」 복 있는 사람)

Lifesigns. Copyright©1986 by Henri J. M. Nouwen. Doubleday, a division of Random House, Inc.의 허락을 받고 사용함. (「라이프 싸인」 아침영성지도연구원)

The Living Reminder. Copyright©1977 by Henri J. M. Nouwen. HarperCollins Publishers Inc.의 허락을 받고 사용함. (「예수님을 생각나게 하는 사람」 두란노)

Making All Things New. Copyright©1981 by Henri J. M. Nouwen. HarperCollins Publishers Inc.의 허락을 받고 사용함. (「모든 것을 새롭게」 두란노)

Our Greatest Gift. Copyright©1994 by Henri J. M. Nouwen. HarperCollins Publishers Inc.의 허락을 받고 사용함. (「죽음, 가장 큰 선물」 홍성사)

Out of Solitude. Copyright©1974 by Ave Maria Press, P.O. Box 428, Notre Dame, IN 46556. 출판사의 허락을 받고 사용함. (「고독의 영성」 아침영성지도연구원)

Reaching Out. Copyright©1975 by Henri J. M. Nouwen. Doubleday, a division of Random House, Inc.의 허락을 받고 사용함. (「영적 발돋움」 두란노)

The Return of the Prodigal Son. Copyright©1992 by Henri J. M. Nouwen. Doubleday, a division of Random House, Inc.의 허락을 받고 사용함. (「탕자의 귀향」글로리아)

The Road to Daybreak. Copyright©1988 by Henri J. M. Nouwen. Doubleday, a division of Random House, Inc.의 허락을 받고 사용함. (「새벽으로 가는 길」바오로딸)

The Road to Peace(John Dear 편집). Copyright©1998 by the Estate of Henri J. M. Nouwen. Orbis Books, Maryknoll, NY 10545의 허락을 받고 사용함. (「평화에 이르는 길」성바오로출판사)

The Way of the Heart. Copyright©1981 by Henri J. M. Nouwen. HarperCollins Publishers Inc.의 허락을 받고 사용함. (「마음의 길」분도출판사)

With Burning Hearts. Copyright©1994 by the Estate of Henri J. M. Nouwen. Orbis Books, Maryknoll, NY 10545의 허락을 받고 사용함. (「뜨거운 마음으로」분도출판사)

With Open Hands. Copyright©1974 by Ave Maria Press, P.O. Box 428, Notre Dame, IN 46556. 출판사의 허락을 받고 사용함. (「열린 손으로」성바오로출판사)

The Wounded Healer. Copyright©1972 by Henri J. M. Nouwen. Doubleday, a division of Random House, Inc.의 허락을 받고 사용함. (「상처 입은 치유자」두란노)

다음 기사들에서 인용을 허락해 준 헨리 나우웬 유작 관리인 성 요셉 수녀회 수 모스텔러에게 깊은 감사를 드린다.

"Anchored in God through Prayer." *Sojourners* 7(April 1978): 20-21.

"Compassion: The Core of Spiritual Leadership"(with Donald McNeill and Douglas Morrison). *Worship Jubilee* 51(January 1977): 22-23.

"Contemplation and Action." 1978년 12월 10일, 뉴욕 시 Columbia University의 St. Paul's Church에서 한 설교.

"Discipleship and Reconciliation." 헨리 나우웬과의 인터뷰. *Pax Christi*, USA, Winter 1991.

"The Duet of the Holy Spirit: When Mourning and Dancing Are One." *New Oxford Review*(June 1992): 5-12.

"Forgiveness: The Name of Love in a Wounded World." *Weavings* 7, no. 2 (March/April 1992): 6-15.

"Intimacy, Fecundity and Ecstasy." *Radix*(May/June 1984): 8-23.

"Letting Go of All Things." *Sojourners*(May 1979): 5-6.

"Parting Words: A Conversation on Prayer with Henri Nouwen." *Fellowship in Prayer* 47, no. 6(December 1996): 6-20.

"Prayer and Ministry: An Interview with Henri Nouwen." *Sisters Today*(February 1977): 345-355.

"Prayer and Peacemaking." *Catholic Agitator*(December 1982): 4-5.

"Prayer and the Jealous God." *New Oxford Review* 52, no. 5(June 1985): 7-12.

"Prayer Embraces the World." *Maryknoll Magazine*(April 1985): 17-21.

"A Quality of Heart: Henri Nouwen on Ministry, Suffering, Solitude, Activism and Prayer." John Garvey와의 인터뷰. *Notre Dame Magazine*(December 1981).

"Reborn from Above." *Spiritual Life*(Spring 1992): 29-32.

"Solitude and Community." *Worship* 52(January 1978): 13-23.

"Spiritual Direction." *Worship* 55, no. 5(September 1981): 399-404.

"A Spirituality of Waiting: Being Alert to God's Presence in Our Lives." *Weavings* 2, no. 1(January-February, 1987): 6-17.

"Training for the Campus Ministry." *Pastoral Psychology* 20(March 1969): 27-38. (「친밀함」 7장, 두란노)